PSICOLOGIA E DEFICIÊNCIAS

Blucher

PSICOLOGIA E DEFICIÊNCIAS

Perspectivas contemporâneas

Organizador

Diego Rodrigues Silva

Psicologia e deficiências: perspectivas contemporâneas

Editora Edgard Blücher Ltda.

Publisher Edgard Blücher
Editores Eduardo Blücher e Jonatas Eliakim
Coordenação editorial Andressa Lira
Produção editorial Kedma Marques
Preparação de texto Ana Maria Fiorini
Diagramação Negrito Produção Editorial
Revisão de texto Bruna Marques
Capa Laércio Flenic
Imagem da capa iStockphoto

Blucher

Rua Pedroso Alvarenga, 1245, 4o andar
04531-934 – São Paulo – SP – Brasil
Tel.: 55 11 3078-5366
contato@blucher.com.br
www.blucher.com.br

Segundo o Novo Acordo Ortográfico, conforme 6. ed. do *Vocabulário Ortográfico da Língua Portuguesa*, Academia Brasileira de Letras, julho de 2021.

Dados Internacionais de Catalogação
na Publicação (CIP)
Angélica Ilacqua CRB-8/7057

Psicologia e deficiências : perspectivas contemporâneas / organizado por Diego Rodrigues Silva. – São Paulo : Blucher, 2023.

184 p.

Bibliografia
ISBN 978-65-5506-742-2

1. Psicologia. 2. Deficiência no desenvolvimento 3. Inclusão social. 4. Acessibilidade. I. Título. II. Silva, Diego Rodrigues.

23-1404 CDD 150

Índice para catálogo sistemático:
1. Psicologia

Prefácio

Ser convidada a escrever o Prefácio deste livro me emocionou imensamente, mas a emoção maior veio ao lê-lo. Cada vez que minha mãe era citada, sentia saudades e orgulho. Cada discussão dos autores me trazia grandes lembranças e profundas reflexões, não só como filha da Lígia, mas como Silvia, psicóloga. Confesso que tive dificuldade para iniciar e terminar a leitura, tamanho o rodamoinho interno. Vou explicar.

Tudo começou em 16 de julho de 2021, quando recebi a seguinte mensagem: "Olá, Silvia, meu nome é Diego, sou doutorando do IPUSP. A Elaine Alves me passou seu contato. Tudo bem com você? Sua mãe é uma grande referência para o meu trabalho e é um prazer enorme falar com você".

Na época, ele queria dar continuidade ao projeto da Biblioteca do Instituto de Psicologia da USP, que buscava criar um memorial com as produções e o percurso de uma das professoras mais queridas do IPUSP, minha mãe (falecida em 2002). Diego comentou que estava trabalhando com a Blucher para relançar o livro dela, *Conhecendo a deficiência em companhia de Hércules*, e que também estava escrevendo uma "atualização" dele por ser "o livro mais utilizado sobre o tema". Em seguida, me convidou para escrever o Prefácio deste livro. Que responsabilidade! E quantas emoções!

No início de 2022, fui surpreendida com o contato da pesquisadora Halima, a pedido do Conselho Regional de Psicologia (CRP/SP). Eles estavam fazendo um documentário sobre a minha mãe para a série Pioneiras da Psicologia: "Psicologia e a luta de pessoas com deficiência: de Lígia Assumpção Amaral aos debates contemporâneos". Prontamente indiquei o Diego para ser entrevistado, e a participação dele foi preciosíssima, já que é um dos nomes mais importantes da contemporaneidade para a discussão da questão da deficiência. Não só por ser uma pessoa com deficiência física, mas, e principalmente, uma vez que é um grande estudioso, contribuinte e divulgador das questões relacionadas às deficiências. Seu mestrado e doutorado versaram sobre o tema e, aos 30 e poucos anos, já tem dois livros importantíssimos lançados: este e também *Bebês com deficiência física e parentalidade* (Blucher), cujo lançamento aconteceu junto do relançamento do livro da minha mãe (graças aos esforços do Diego). Ele também promoveu rodas de conversa incríveis sobre o tema da deficiência.

Espero que dê para imaginar o que eu quis dizer anteriormente sobre o rodamoinho interno. Junta-se a isso, o fato de eu ser psicóloga. Apesar de não ter o foco específico na questão da deficiência, me deparo com pessoas (individualmente, familiarmente ou em grupo) em relação às quais a deficiência aparece de alguma forma, seja com crianças com suspeita de estar no espectro autista, ou famílias aprendendo a lidar com integrantes com deficiência, ou pessoas idosas perdendo, aos poucos ou repentinamente, a função de andar, ouvir, ver.

Além disso, pude vivenciar, por mais de trinta anos, o que é ser filha de uma pessoa com deficiência física e ouvir as histórias da minha avó e madrinha de como era lidar com a Lígia menina, adolescente e adulta. Muitas dessas histórias minha mãe conta no livro *Resgatando o passado: deficiência como figura e vida como fundo*.

Optei por ofertar essa introdução para deixar claro de que contexto eu parto e qual é a minha relação com este livro. É uma relação muito maior que só alguém falando sobre o que leu. É o depoimento de uma pessoa que conviveu a maior parte da vida com uma mãe com deficiência, que experimentou e presenciou situações que envolviam preconceito e capacitismo (discriminação da pessoa com deficiência) e que, até hoje, tem muito a aprender. Confesso que, mesmo com todas as minhas vivências, esse livro me ensinou muito!

A parte teórica que embasa vários capítulos do livro é a psicanálise. Eu me identifico mais com a abordagem da Gestalt-terapia. E isso não foi empecilho algum para a leitura, pelo contrário. Celebrar as diferenças e crescer com elas é o que amplia o nosso olhar sobre o mundo e sobre nós mesmos, e nos ajuda a viver e criar uma sociedade mais humanizada. Aprendi isso desde pequena e até hoje é um desafio colocar em prática, sair da bolha, celebrar a diferença. Este certamente é um livro que nos tira da zona de conforto, do conhecido; ele nos convida a ampliar o olhar e nos dá ferramentas para atuar de forma diferente na nossa vida pessoal e profissional.

Diego cumpriu sua missão lindamente. Que presente é este livro que fala sobre a deficiência sob o olhar da psicologia! No que diz respeito a sua organização, há uma primeira parte teórica, com diversas referências bibliográficas que podem auxiliar quem pretende se aprofundar nos estudos do tema. Em seguida, capítulos distintos sobre os vários tipos de deficiências com definições, conceitos e discussões contemporâneas.

O livro aborda avanços tecnológicos (como tecnologia assistiva e o comitê de ajudas técnicas educação inclusiva – CAT), avanços legais nos direitos da pessoa com deficiência, de acessibilidade, da saúde (como a Classificação Internacional de Funcionalidade, Incapacidade e Saúde – CIF), entre várias outras conquistas contemporâneas. Dessa forma, fornece instrumentos e reflexões para qualquer pessoa que em algum momento da vida se depare com a questão da deficiência. O livro oferece recursos para enfrentamento (psíquico e físico), reabilitação e intervenções mediante várias atualizações (leis, educação inclusiva, neurociências etc.). Além disso, também contribui para discussões éticas, políticas e culturais.

E, para fechar com chave de ouro, os capítulos finais ilustram o tema com casos muito ricos que envolvem, emocionam e ampliam o conhecimento.

Este é um livro altamente recomendável não só para profissionais da psicologia, medicina, saúde em geral, educação, assistência social, tecnologia e pessoas que geriram ou cuidam de pessoas com deficiência, mas também para quaisquer pessoas dispostas a evoluir sempre (sejam elas com algum tipo de deficiência ou não).

Foi um presente na minha vida resgatar o passado de Lígia (e seus desdobramentos), em companhia de Diego e deste livro. O passado nos ajudando a viver um presente melhor e construir um futuro cada vez mais inclusivo e respeitoso. Que o legado deixado pela minha mãe, e agora pelo Diego, seja honrado e sirva de exemplo e estímulo para as próximas gerações!

Silvia Assumpção do Amaral Tomanari

Conteúdo

Introdução

Diego Rodrigues Silva

Este livro é o resultado de anos de dedicação à pesquisa. Não digo apenas do trabalho dos autores que o compuseram, mas também daqueles que os antecederam e sedimentaram um solo sob o qual pudemos trabalhar. A proposta de um livro cujo subtítulo é "Perspectivas contemporâneas" implica este reconhecimento. Seu objetivo é dar prosseguimento a obras de grande importância, agregando novos temas, dados, soluções para problemas antigos e desafios que se constituem como novos problemas para o futuro. Assim, duas obras devem ser citadas: *Conhecendo a deficiência (em companhia de Hércules)*, de Ligia Assumpção Amaral (1995) e *Psicologia do excepcional*, de Maria Lúcia Amiralian (1986). Há décadas esses dois livros se mantêm como referências obrigatórias no estudo da psicologia sobre as deficiências e nos inspiram a prosseguir na mesma trilha. Com a proposta audaciosa de produzir um livro que pudesse revisitar os temas pesquisados pelas autoras e dar notícias sobre o estado da arte, este livro reuniu *experts* da área que gentilmente, aceitaram dar suas contribuições e fizeram deste projeto o material que o leitor agora tem em mãos.

Desde o início, o objetivo foi manter uma linguagem acessível para que o livro fosse capaz de apresentar temas e conceitos a estudantes de graduação, mas também organizar o conteúdo para os pesquisadores. Contudo, a complexidade dos temas aqui tratados exige conhecimentos básicos sobre psicologia para que seja completamente acessível. Trata-se de encontrar um ponto médio entre não ser simplista e não se estender em explicações de fundamentação teórica, ambas condições que poderiam prejudicar o fluxo da leitura.

Outra escolha que será rapidamente percebida é a inclinação do livro para uma psicologia psicodinâmica e que, muitas vezes, dialoga diretamente com a psicanálise. Esta talvez seja uma característica que não se restringe a este livro, mas a uma parte da área da psicologia das deficiências. Adianto que não se trata de uma escolha leviana e espero que, ao final da leitura, a decisão por esta vertente se justifique pelo próprio material.

Com essas diretrizes, o livro foi divido em três partes. Na primeira, são apresentadas questões teóricas e pontos norteadores para se tomar a deficiência a partir da psicologia no momento atual. Dessa forma, o texto perpassa definições e propostas de interpretação a fenômenos relacionados à deficiência. A segunda parte é dividida a partir dos quatro tipos de deficiência: física, visual, auditiva e intelectual. Nessa parte, os capítulos ficaram sob a responsabilidade de pesquisadores atuantes da área, para que se extraísse da fonte o que tem sido pesquisado. A terceira parte, voltada aos aspectos práticos, é composta de capítulos com discussões e vinhetas clínicas que buscam tratar de algumas atuações na área que podem se colocar como desafiadoras ao psicólogo. Longe de se caracterizarem como orientações, ilustram pontos sensíveis, dificuldades de manejo e possíveis alternativas que podem ser de grande valia para o profissional que atua com essa população.

Este livro só pôde ser produzido graças ao trabalho de cada um de seus autores, do meu estimado grupo de pesquisa (Luiza Amaral Trindade, Kaique Canalle Teixeira e Natália Alves Calejuri) e daqueles que contribuíram lendo e dando seu parecer sobre o material: Denise Mraz, Rogério Lerner e Cristina Kupfer. Meu profundo agradecimento a cada um de vocês.

PARTE I
Questões teóricas

1. CIF[1] e os aspectos pessoais: por uma concepção complexa de deficiência

Diego Rodrigues Silva

Qualquer tentativa de definir o que é a deficiência terá de considerar questões culturais, filosóficas e epistemológicas, pois ainda que seja algo facilmente compreensível e até mesmo perceptível em muitas das vezes, trata-se de uma tarefa que está contida em outra maior: como definir um corpo são? Ou, ainda, como definir o que é normal? Pode parecer preciosismo científico, uma discussão pelo prazer da problematização, mas não é o caso. Basta observar as diferentes terminologias utilizadas em referência à deficiência e à pessoa com deficiência. Relações sociais entre pessoas com e sem deficiência são frequentemente permeadas pelo mal-estar da nomenclatura: é um "portador de deficiência", um "deficiente", alguém "especial"... Isso sem contar outras que explicitam uma qualificação predominantemente negativa que já caíram em desuso, como "aleijado" e "defeituoso".[2] Assim, em vez de enveredar pelas particularidades dos nomes, proponho partir desta tensão para a apresentação do conceito atual de deficiência, para em seguida apontar como este pode se tornar mais interessante se considerados aspectos pessoais provenientes da psicologia.

---

1 Classificação Internacional de Funcionalidade, Incapacidade e Saúde

2 Cabe lembrar que a AACD, centro de reabilitação referência no país para tratamento de pessoas com deficiência física, até 2000 tinha como nome Associação de Assistência à Criança Defeituosa, mudando o último "D" para Deficiente após esta data.

Sobre as questões culturais, filosóficas e epistemológicas da discussão, é possível simplificar afirmando que há uma relação entre a concepção de corpo vigente e as intervenções sobre este propostas (Perez, 2009; Separavich & Canesqui, 2010). Explico. Na Grécia antiga, o corpo era considerado algo belo e harmonioso, de modo que aqueles que nasciam com alguma deformação eram apenas mortos ou abandonados. Na Idade Média, o corpo era sagrado, pois era o local onde habitava a alma. Dessa forma, uma alma pecadora deveria sofrer sanções ao seu corpo e, inversamente, corpos deformados eram considerados pecadores. Como recurso, lhes restava o castigo corporal até que a alma fosse purificada, para que então a caridade fosse uma alternativa. Na transição para a modernidade, o pensamento religioso que vigorava até então deu lugar ao pensamento científico. O corpo se tornou uma máquina passível de mensuração e regulação e à deficiência foi destinado o tratamento ou a reabilitação (Amaral, 1995), cujo nome por si só dá notícias de que o pressuposto que a sustenta perpassa noções de aprimoramento e correção.

Se as propostas de tratamento derivam de uma concepção de corpo que, por sua vez, deriva de uma lógica de pensamento corrente, as definições de deficiência se encontram em constante transformação, como os demais conceitos que delas dependem. Esse caminho poderia levar a um niilismo conceitual em que se suporia, então, que a deficiência é em si algo vazio, esperando apenas um campo conceitual que defina sua natureza e possíveis métodos de intervenção, não fosse o fato de que, independentemente do momento histórico, se circunscreve em prejuízos funcionais e desperta algo que requer reflexão e reorganização.[3]

Tomados os devidos cuidados quanto aos pressupostos epistemológicos, avanço para detalhar então o modelo atual de deficiência. Como mencionado, este é definido pela lógica científica que busca categorização e reparo em relação a um modelo mecânico ideal de corpo. Por esse motivo, apenas em 1948, na VI Revisão da Classificação Internacional de Doenças (CID-6), há menção a doenças que podem se tornar crônicas, requerendo cuidados para além dos oferecidos pelos médicos. Na década de 1970, o CID-8 estabelece um modelo linear entre a etiologia, a doença e sua manifestação. Ainda que limitado, dá destaque para a semiologia, aquilo que pode ser observado e

3 Esse será o tema central do próximo capítulo.

dá indícios de possíveis diagnósticos. Em 1976 surge a *International Classification of Impairments, Disabilities and Handicaps: a manual of classification relating to the consequences of disease* (ICIDH), cuja tradução foi publicada em 1989 como Classificação Internacional de Deficiências, Incapacidades e Desvantagens (CIDID) (Amiralian et al., 2000).

Há aqui um movimento importante, cujos impactos devem ser acompanhados. Chama a atenção que a definição de deficiência parta de um modelo de doença, e isso denota mais um ponto acerca de como suscita reorganização frente a algo estabelecido. Desse modo, se introduz com a CIDID a concepção de deficiência como uma condição de saúde cuja maior especialização conceitual se encontra na Classificação Internacional de Funcionalidade, Incapacidade e Saúde (CIF) da Organização Mundial da Saúde (2020): "As deficiências podem ser parte ou uma expressão de uma condição de saúde, mas não indicam, necessariamente, a presença de uma doença ou que o indivíduo deva ser considerado doente" (p. 11). Esse documento descreve universalmente as especificidades das deficiências para fins formais e legais, como os relacionados a trabalho, educação e desenvolvimento de políticas públicas, entre outros.

Segundo a CIF, a deficiência é um produto de seis elementos agrupados em duas grandes categorias. A primeira, denominada Funcionalidade e Incapacidade, é composta por: a) estruturas do corpo, b) funções do corpo, c) atividades e d) participação; a segunda, denominada Fatores Contextuais, é composta por e) fatores ambientais e f) fatores pessoais. Descrevo cada item:

- **Estruturas do corpo** são o componente anatômico, os órgãos, membros e seus componentes.
- **Funções do corpo** se referem ao aspecto funcional da fisiologia ao movimento, incluindo funções psicológicas.
- **Atividade** é a execução de uma tarefa ou ação.
- **Participação** trata do envolvimento da pessoa em atividades sociais.
- **Fatores ambientais** abrangem tanto o ambiente físico como o social e atitudinal.
- **Fatores pessoais** tratam de características do histórico particular da pessoa e seu estilo de vida.

Concebe-se assim que o componente biológico, o qual a deficiência se encontra como desviante de uma norma, pode acarretar prejuízos funcionais. A deformidade em um dedo do pé pode não prejudicar a marcha, mas uma alteração no tímpano pode causar surdez. Funções podem ainda ser ou não convertidas em atividades, como contemplar uma obra de arte ou encontrar o valor de X em uma expressão matemática, de modo que prejuízos podem se fazer presentes. Atividades ocorrem também em contextos sociais, como o trabalho e a escola, desde que haja uma infraestrutura adequada. Se um cadeirante pode chegar até o prédio em que trabalha, mas não é capaz de acessar o segundo andar pela falta de um elevador, é mais acertado considerar que, do ponto de vista anatômico-funcional, sua atividade de deslocamento se encontra preservada, mas sua participação foi limitada, sendo este o alvo de uma intervenção. O mesmo ocorre se uma criança com deficiência visual é ignorada pelos colegas ao brincar.

Esse modelo biopsicossocial[4] se mostra bastante completo e preciso para descrever cada quadro de deficiência e, em consonância com a Convenção sobre os Direitos das Pessoas com Deficiência da ONU de 2006, se faz presente na legislação brasileira sob a Lei n. 13.146:

> *Considera-se pessoa com deficiência aquela que tem impedimento de longo prazo de natureza física, mental, intelectual ou sensorial, o qual, em interação com uma ou mais barreiras, pode obstruir sua participação plena e efetiva na sociedade em igualdade de condições com as demais pessoas. (Brasil, 2015)*

É possível ainda considerar que tal modelo tenha contribuído para a preconização do termo vigente "pessoa com deficiência", uma vez que os demais se tornam incompatíveis com a proposta. Isso é algo bastante distante da proposta de deficiência como castigo divino ou doença, e amplia consideravelmente a gama de intervenções possíveis. A partir da CIF é possível pesar a

---

4 Vale apontar que no artigo segundo, inciso segundo, é disposto que "O Poder Executivo criará instrumentos para avaliação da deficiência". Assim, a partir da CIF seria criado um instrumento único de avaliação, mas, desde a criação da lei, em 2015, até o momento em que este livro é escrito, o instrumento não foi concluído, e sua discussão ainda atribui um peso maior para as estruturas e funções do corpo em uma perspectiva médica.

incidência de cada fator. Mais ainda, acompanhar como cada um molda o corpo e suas funções ao longo do tempo para que se chegue ao quadro final que se observa em uma pessoa com deficiência.

Sustentar essa concepção de deficiência como condição de saúde multideterminada implica o reconhecimento da complexidade, que não deve ser tomada como dificuldade, mas sim como a conjuntura de elementos complementares que participam do todo e atuam de forma interdependente (Morin, 1997). Não se trata de uma tarefa simples, pois são necessárias diferentes áreas do conhecimento em diálogo para que se tenha uma compreensão adequada de uma deficiência. Este é um passo paradigmático. Se a história mostrou sucessivas e unilaterais trocas de modelo, há aqui um consenso de que existem modelos variados e de que estes podem estabelecer parcerias em prol do bem-estar dessa população.

Assim, a descrição apresentada, elencada como revolucionária, prescindiu dos fatores pessoais. Serão estes então necessários? Citando algumas passagens da CIF (OMS, 2020) textualmente:

> *Os Fatores Pessoais também são um componente dos Fatores Contextuais, mas eles não estão classificados na CIF devido à grande variação social e cultural associada aos mesmos. (p. 7)*
>
> *Os Fatores Pessoais, por outro lado, não são considerados na versão atual da CIF. Se necessário, sua avaliação fica ao critério do utilizador. Eles podem incluir sexo, raça, idade, forma física, estilo de vida, hábitos, educação recebida, maneira de enfrentar problemas, passado social, instrução, profissão, experiência passada e presente (acontecimentos da vida passada e acontecimentos presentes), padrão de comportamento em geral, carácter, valores psicológicos individuais e outros fatores relacionados:* todos ou qualquer um podem desempenhar um papel na incapacidade a qualquer nível. *(p. 18, grifos meus)*

O documento reconhece que a incapacidade pode ser afetada pelos fatores pessoais. Dito de outra forma, estes podem agravar uma incapacidade ou ainda amenizá-la, considerando os dois extremos. O argumento da variação cultural é relevante, mas aponta para algo contextual ao invés de estrutural: ainda que existam diferenças entre os fatores, é possível identificar mecanismos gerais que possam operar independentemente da roupagem vigente.

Estilo de vida, maneira de enfrentar problemas, experiências passadas e conjuntos de valores são temas conhecidos da psicologia. Pela predominância do enfoque biomédico dos prejuízos orgânicos e funcionais, talvez existam aqueles que questionem como elementos da história de vida podem estar relacionados a uma função motora ou cognitiva, por exemplo. Contudo, mesmo que ainda pouco reconhecida, a psicologia tem empreendido esforços[5] para explorar essas relações e propor intervenções inter e transdisciplinares.

Para fundamentar uma concepção de deficiência que considera os aspectos pessoais, é preciso voltar para Vygotsky (1997, p. 93, tradução nossa), para quem "as consequências sociais do defeito acentuam, alimentam e consolidam o próprio defeito. Nesse problema, não há como o biológico ser separado do social". Assim, o autor defende que há uma condição primária advinda da deficiência que diz respeito aos prejuízos estruturais de ordem orgânica, mas também "existem complicações secundárias, terciárias etc. que não derivam do próprio defeito" (p. 221, tradução nossa). O exílio social enfrentado pelas crianças com deficiência pode levar a prejuízos no desenvolvimento de suas funções. Torna-se, então, um objetivo de intervenção buscar, tanto quanto possível, reduzir as dificuldades da deficiência às consequências dos danos orgânicos primários, uma vez que esta seja tomada de maneira inexorável (não se pode revertê-la uma vez que esteja presente).

Amaral (1998) reforça a proposta, estabelecendo mais diretamente a nomenclatura "deficiência primária" para os prejuízos nas estruturas do corpo – a deficiência e a incapacidade. São aspectos descritivos e intrínsecos à pessoa que podem atrapalhar o desenvolvimento humano, mas não o impedir. Já a "deficiência secundária" aponta para a desvantagem, mais especificamente para os aspectos extrínsecos – valorativos e relativos. Trata-se do "conjunto de ações/reações ao fenômeno deficiência e às pessoas que o corporificam" (p. 26). Nesta, o desenvolvimento pode ser impedido.

---

5 A parte 2 deste livro é toda dedicada a mostrar e discutir estas contribuições para as diferentes deficiências.

Há de se questionar que este argumento se refere a fatores ambientes, mais especificamente ao elemento social e atitudinal, sem que nada de pessoal tenha sido mencionado. Entretanto, é justamente pela via relacional que os aspectos pessoais serão constituídos, o que redobra a preocupação com os fatores ambientes. A Figura 1.1 ilustra de maneira sistemática a proposta de articulação entre os elementos.

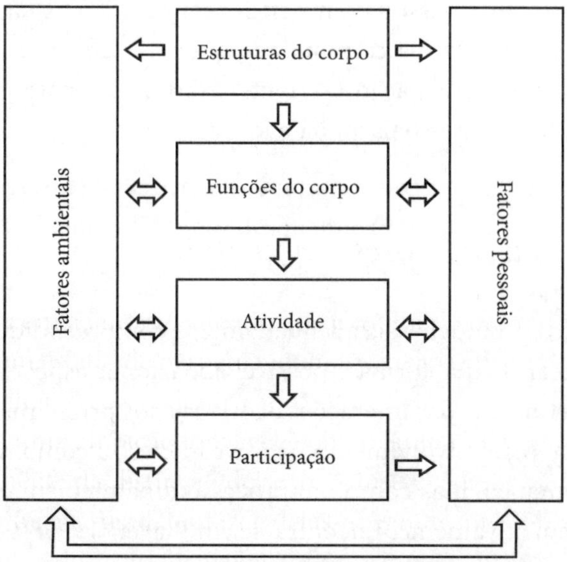

Figura 1.1 Modelo de interação dos elementos que definem a deficiência.

A vantagem da utilização de uma sistematização gráfica é a possibilidade de observar como cada elemento atua e interage com os demais. Seguindo a proposta da CIF, a complexidade pode ser aumentada identificando alguns funcionamentos já conhecidos e aludindo para outros que ainda requerem maior investigação científica.

Para o objetivo de discutir esse modelo de explicação da deficiência, considero as estruturas do corpo a partir da concepção de deficiência primária, isto é, como componentes intrínsecos que derivam de programação genética acompanhada ou não de intercorrências no desenvolvimento fetal, como disposição óssea e muscular, funcionamento do sistema nervoso central e periférico, e constituição anatômica. Ainda que intervenções terapêuticas e cirúrgicas possam trazer mudanças nas estruturas do corpo, o enfoque é a funcionalidade. Dessa forma, sustento a inexorabilidade da deficiência discutida anteriormente, mantendo apenas setas que apontam para o impacto dessas idiossincrasias nos fatores pessoal e ambiental. A respeito do primeiro, se verá adiante uma seção dedicada a ele. Sobre o segundo, como dito, a deficiência desperta reações advindas de estruturas atípicas de corpo e funções pouco ou nada usuais. O engajamento e a participação também impactam o ambiente, pois uma pessoa com deficiência que se engaja em atividades e com estas participa de sua comunidade pode modificar valores, tornando mais favorável sua participação (Wright, 1960). Passo para uma análise da incidência dos fatores pessoais ainda não trabalhados.

Fatores pessoais e fatores ambientais

Para que o resto do modelo seja adequadamente compreendido, é preciso inicialmente indicar de que forma é possível equacionar aspectos ambientais e pessoais. A pertinência das interações ocorridas nos primeiros anos de vida é bem conhecida: o desenvolvimento não se caracteriza como um movimento passivo e espontâneo, mas como um processo dinâmico em que bebê e ambiente interagem ativamente. Encontra-se em Piaget (1999/1967):

> *todo movimento, pensamento ou sentimento – corresponde a uma necessidade. A criança, como o adulto, só executa alguma ação exterior ou mesmo inteiramente interior quando impulsionado por um motivo e este se traduz sempre sob a forma de uma necessidade (uma necessidade elementar ou um interesse, uma pergunta etc.) . . . Ela existe quando qualquer coisa, fora de nós ou em nós (no nosso organismo físico ou mental) se modificou, tratando-se, então, de um reajustamento de conduta em função desta mudança. (pp. 15-16)*

Já Vygotsky (1978/1991) indica que o ambiente é definido em termos de relações sociais, produtoras de sentidos para aquele que nasce, assim como por ele produzidas:

> *Desde os primeiros dias do desenvolvimento da criança, suas atividades adquirem um significado próprio num sistema de comportamento social e, sendo dirigidas a objetivos definidos, são refratadas através do prisma do ambiente da criança. O caminho do objeto até a criança e desta até o objeto passa através de outra pessoa. Essa estrutura humana complexa é o produto de um processo de desenvolvimento profundamente enraizado nas ligações entre história individual e história social. (p. 24)*

Finalmente, Wallon (1941/2007) afirma diretamente que o desenvolvimento depende do encadeamento de fatores internos, isto é, uma ordem rigorosa de fases em direção ao crescimento, de modo que determinadas estruturas permanecem em potencial, surgindo conforme as necessidades colocadas pelo ambiente. No entanto, são as condições externas que regulam esse processo. Assim, o desenvolvimento pode ser compreendido como um processo em que a estrutura orgânica é atravessada pela cultura.

Há aqui uma base teórica que estabelece a indissociabilidade entre a criança pequena e seu ambiente, e que também encontra nessas trocas a formação das bases do pensamento, movimento e sentimento. Dessa forma, a maneira de enfrentar problemas e os hábitos adquiridos, por exemplo, derivam de experiências passadas e da educação recebida, que, por sua vez, orientam as escolhas pessoais e profissionais futuras. Isso ocorre porque as primeiras relações são permeadas por um contorno afetivo particular. Esse afeto traz consigo a história dos pais, suas expectativas, o que desejam para si e ainda não alcançaram e o que viveram quando eles próprios eram crianças. Como observa Freud (1914/1996):

> *Se prestarmos atenção à atitude de pais afetuosos para com os filhos, temos de reconhecer que ela é uma revivescência e reprodução de seu próprio narcisismo, que há muito abandonaram . . . Assim eles se acham sob a compulsão de atribuir todas as perfeições ao filho – o que uma observação sóbria não permitiria – e de ocultar e esquecer todas as deficiências dele. (p. 97)*

Uma imagem se constrói nessa relação que já se fazia presente no imaginário parental mesmo antes do nascimento. Na identificação com essa imagem, o bebê constitui um senso de unidade em torno de uma identidade a qual utilizará para se apresentar para os outros e para si próprio (Lacan, 1949/1998). Não se está falando aqui de relações diretamente determinantes, mas sim que as trocas estabelecidas na infância funcionam como pontos-chave a partir dos quais a pessoa irá se orientar, seja para ser aproximar ou se afastar deles.

Esse é o modo pelo qual o ambiente incide sobre os fatores pessoais, mas o tópico só estará completo quando considerada a maneira singular como cada pessoa afetará seu ambiente. Cuidadores de bebês podem ser bastante afetivos e atenciosos, interpretando cada um de seus movimentos a partir de suas expectativas: "se um bebê está balançando o braço, isso quer dizer que está me chamando porque quer minha atenção". É preciso, então, que o bebê se expresse buscando e mantendo uma relação. Em condições favoráveis, se observam bebês ativos que fazem gracinhas para atrair os que estão à sua volta. Isso é uma vantagem evolutiva importante, que aumenta as chances de obterem os cuidados necessários em um momento de grande vulnerabilidade por conta da prematuridade com que nascem (Trevarthen, 2011).

Conforme esse bebê cresce, mais e mais se deve atentar para os resultados das primeiras relações e para como sua matriz identitária o guiará nas trocas sociais. É possível que seja alguém identificado a uma imagem extrovertida, sempre buscando interações. Por outro lado, essa imagem pode ser inferiorizante, fazendo-o evitar participar de situações grupais. Independentemente da apresentação, há algo que se refere à sua postura individual que afetará o ambiente e que, por sua vez, devolverá à pessoa um tipo específico de interação. É por esse motivo que há na imagem uma seta dupla, pois trata-se de uma incidência recíproca entre fatores pessoais e ambientais. Uma vez compreendida essa interação, é possível se valer dela para compreender as demais.

Fatores pessoais, estruturas e funções do corpo

Este é outro exemplo de interação bidirecional. Na primeira parte, há a incidência do corpo na organização dos fatores pessoais. As experiências sensoriais táteis, térmicas e de dor se reúnem a um esquema mental que localiza e sintetiza cada parte do corpo. Assim, sensações e percepções interagem continuamente em referência a uma imagem de si (Schilder, 1950/1980). Não é difícil imaginar como um penteado modifica a autoimagem e uma roupa formal modifica a forma de andar. Trata-se de detalhes não conscientes, mas que, quando observados, ilustram que aquilo que ocorre na imagem do corpo repercute em suas funções.[6] Entretanto, a estrutura do corpo incide sobre os fatores pessoais desde muito cedo: como um lápis que desliza sobre a folha, o grafite grava cada traço, mas também as protuberâncias e irregularidades da superfície na qual a folha está apoiada. O resultado é um desenho em que cada linha perpassa os obstáculos da maneira como pode, criando uma marca única a partir das trepidações do traço. Como indica Jerusalinsky (1988), "é verdade que tais acidentes do desenvolvimento colocam uma série de obstáculos à estruturação psíquica e, em seus efeitos traumáticos, podem pô-la em questão" (p. 43). As funções do corpo são a superfície na qual os aspectos pessoais serão delineados a depender de como este será significado. Traços mais grossos, maiores, uso de cores... os arranjos para lidar com os obstáculos são únicos: da deficiência podem surgir aspirações heroicas ou vilanescas, que levam à extroversão ou à introversão (Wright, 1960). Assim, as funções do corpo guardam um papel neutro que modifica a forma, mas não seu conteúdo, pois o traumático se encontra nos sentidos a estas atribuido.

Nos termos de Ajuriaguerra (1983):

> *A criança e o adolescente sentem-se ligados a esta substância que é o corpo e a esta estrutura que se torna objeto da experiência psicossocial . . . o papel que é atribuído à forma visível de ser e*

6 O capítulo "Avaliação da imagem corporal: o caso Pedro" discute as possibilidades de avaliação da imagem corporal de pessoas com deficiência na clínica enfatizando o caso de uma criança com deficiência física.

> *de agir do corpo e à conduta social estão, em geral, estreitamente associados. (p. 343)*

Amiralian (1986) chega a citar que pessoas com deficiência aprendem padrões comportamentais típicos de acordo com sua deficiência. É interessante ponderar como a expectativa de pessoas *sem* deficiência sobre como é a experiência de pessoas *com* deficiência afeta o comportamento das últimas nos moldes do que foi descrito anteriormente.

Na segunda parte, há a incidência dos fatores pessoais nas funções. Este é um tópico curioso, que traz uma reflexão sobre quais os limites do corpo. Demonstrações de funções extraordinárias são frequentemente expostas e admiradas, como acrobacias, capacidade de memória ou percepção visuoespacial. Uma vez que todos fazem parte da mesma espécie, como podem alguns irem tão longe? Uma das respostas pode estar justamente nos fatores pessoais e como estes pressionam o corpo para condições além das esperadas. Safra (2006) oferece um exemplo interessante:

> *A mobilidade do ser humano se acopla à própria experiência de vontade. Quando uma criança se apropria da possibilidade de mover-se e começa, por exemplo, a engatinhar ocorre a ancoragem da vontade na musculatura estriada que lhe oferta o movimento. O bebê move-se de um lado para o outro e desta maneira experimenta certo domínio do espaço. (p. 36)*

Le Boulch (2001) afirma que essa apropriação subjetiva do corpo coloca em movimento o esquema corporal, seu componente orgânico. Fato importante, inclusive, para que ocorra o desenvolvimento psicomotor durante a infância. Segundo o autor, é o desejo que põe em movimento as estruturas e faz com que novas se desenvolvam. No exemplo citado anteriormente, o mais extrovertido talvez se mova de maneira mais rápida, observe mais o que está à volta e seja mais atento aos sons. Já aquele que se vê como inferior pode ter um número menor de movimentos e pode direcionar seus sentidos para os detalhes próximos.

A verificação da articulação entre fatores pessoais e funcionais tem implicações diretas na avaliação e intervenção da deficiência. Não há como descontextualizar a forma particular com que cada função é executada a partir de traços pessoais que podem potencializá-la, atenuá-la ou mesmo encontrar formas de utilizá-la de maneiras únicas.

Fatores pessoais e atividades

Semelhante à anterior, cabem nesta seção alguns poucos detalhes. Funções são necessárias para que atividades sejam realizadas. É possível ler utilizando o tato e ouvir por meio da visão de sinais. Mais uma vez, a extensão da capacidade de exercer atividades e ser reconhecido por isso terá impacto nos fatores pessoais. O relato de Sunaura Taylor em um documentário no qual também participa Judith Butler é um exemplo interessante (Taylor, 2008). Taylor tem deficiência física e oferece alguns relatos:

> *"Quando ainda caminhava, e me era dito que caminhava como um macaco."*
>
> *"Quando faço coisas com partes do corpo que não servem necessariamente para aquilo que assumimos que servem, isso parece ser muito difícil para as pessoas."*

Como dito, as expectativas fornecem imagens com as quais cada um irá lidar de maneira singular, mas não são incólumes. Pegar uma xícara com a boca, ainda que seja exitoso do ponto de vista da função e da atividade, repercute sobre a autoimagem e sobre as identificações.

Na direção inversa e semelhantemente ao que já foi indicado, as maneiras de se realizar uma atividade dependem dos fatores pessoais. O fato de cada um escrever com uma letra diferente é ilustrativo desse ponto. A função e a atividade são as mesmas, mas ganham cores diferente quando executadas por pessoas diferentes. Penso que esse é o ponto que recebe menor atenção. Muito se fala sobre como melhorar uma função e se a pessoa participará dos eventos cotidianos, mas a forma como a atividade em si ocorre, que dá notícias sobre elementos pessoais importantes para a compreensão e intervenção, não é abordada.

Fatores pessoais e participação

Dado que o ambiente atua sobre a participação e esta diz respeito à ocorrência de atividades no âmbito social, considero aqui uma relação unidirecional. Uma vez que o ambiente físico garanta que uma atividade ocorra, se esta será recebida pelo social de maneira integrada irá depender das pessoas envolvidas. Uma pessoa com deficiência intelectual estudando em uma sala regular terá êxito nas funções do corpo e atividade, mas se o coletivo não a inclui como aluna,[7] isso terá consequências para os aspectos pessoais.

O termo "incluir", neste caso, deve ser compreendido como algo que vá além da autorização coletiva, e sim, colabore com a realização de algo em conjunto. É preciso observar também quando a autorização é concedida externamente, mas não internamente. Amaral (2004), por exemplo, oferece um relato pessoal ilustrativo de como era "café com leite" nas brincadeiras da escola. Neste caso, do ponto de vista do observador, função e atividade são aceitas em um ambiente participativo. Contudo, para a pessoa com deficiência, a exclusão continua presente, porém agora de maneira perversa (Sawaia, 2014). Incluir a pessoa com deficiência em uma brincadeira de pega-pega, mas sem aplicar a ela as mesmas regras, é uma experiência de exclusão social que afeta diretamente os aspectos pessoais. Trata-se de um banimento do laço compartilhado, daquilo que humaniza e constitui a pessoa como um sujeito singular pertencente ao mundo humano em dado tempo e cultura.[8]

Dessa forma, garantir um ambiente receptivo às atividades das pessoas com deficiência se torna um desafio ainda mais difícil. Estruturas físicas e

---

7 O capítulo "A função do semelhante na inclusão: considerações a partir de um relato de pesquisa" aborda as implicações da relação entre os pares quando há crianças com e sem deficiência interagindo.

8 Esse ponto, somado à fala de Taylor sobre andar como macaco, não pode ser tomado de forma descuidada. Supor o outro como um igual e atribuir-lhe intenções dentro de uma determinada lógica social compartilhada é justamente o que leva ao processo de desenvolvimento humano (Lerner & Kupfer, 2008).

ferramentas podem ser adaptadas, mas, quando são necessárias mudanças internas, é preciso muito mais esforço.

Considerações finais

Em uma perspectiva histórica, a CIF se mostra um divisor de águas na compreensão do que é a deficiência, embora ainda haja muito o que fazer. De acordo com o documento:

> *Deve-se notar que qualquer diagrama provavelmente estará incompleto e fadado a representações incorretas devido à complexidade das interações num modelo multidimensional. O modelo é elaborado para ilustrar múltiplas interações. É possível utilizar outras representações que indicam outros elementos importantes no processo. (Organização Mundial da Saúde - OMS, 2003, p. 19n)*

É nessa abertura da CIF que insisto, pois ela aponta para a importância da complexidade e para a precariedade de modelos unilaterais. A incorporação sistemática dos fatores pessoais é o passo seguinte, e requer relatos de intervenção e pesquisa para ser bem compreendido e estabelecido junto ao documento. Do ponto de vista da psicologia, o efeito é inverso, e a ressalva se mantém: ainda que trabalhem no campo das relações e da subjetividade, esses profissionais não podem desconsiderar os demais fatores que compõem a complexidade do quadro final de uma deficiência.

Incluir a psicologia na concepção de deficiência implica o reconhecimento, pelas demais áreas, dos aspectos pessoais e relacionais do quadro. Desse modo, nosso discurso ganha espaço e nossos profissionais ganham voz. É possível alcançar tratamentos mais complexos e avançar o entendimento que se tem sobre as deficiências e seu lugar na sociedade. Esse impacto social diz respeito a uma visão da deficiência que singulariza, que enfatiza a história individual e que destaca os significados construídos a partir das experiências. No fim, dá ferramentas teórico-práticas para que se possa enfatizar a *pessoa* da definição "pessoa com deficiência".

Referências

Ajuriaguerra, J. (1983). *Manual de psiquiatria infantil.* Masson.

Amaral, L. A. (1995). *Conhecendo a deficiência (em companhia de Hércules).* Robe Editorial.

Amaral, L. A. (1998). Sobre crocodilos e avestruzes: falando de diferenças físicas, preconceitos e sua superação. In J. G. Aquino (Org.), *Diferenças e preconceito na escola: alternativas teóricas e práticas* (pp. 11-30). Summus.

Amaral, L. A. (2004). *Resgatando o passado: deficiência como figura e vida como fundo.* Casa do Psicólogo.

Amiralian, M. L. T. M. (1986). *Psicologia do excepcional.* (Temas básicos de psicologia). EPU.

Amiralian, M. L., Pinto, E. B., Ghirardi, M. I., Lichtig, I., Masini, E. F., & Pasqualin, L. (2000). Conceituando deficiência. *Revista de Saúde Pública, 34*, 97-103.

Morin, E. (1997). *Ensaios da complexidade.* Salina.

OMS. (Organização Mundial da Saúde) (2020). *CIF – Classificação Internacional de Funcionalidade, Incapacidade e Saúde.* Edusp.

Brasil. (2015). *Lei n. 13.146, de 6 de julho de 2015.* Institui a Lei Brasileira de Inclusão da Pessoa com Deficiência (Estatuto da Pessoa com Deficiência). http://www.planalto.gov.br/ccivil_03/_ato2015-2018/2015/lei/l13146.htm.

Freud, S. (1914/1996). Sobre o narcisismo: uma introdução. In S. Freud, *Edição standard brasileira das obras psicológicas completas de Sigmund Freud* (Vol. XIV, pp. 81-108). Imago.

Jerusalinsky, A. (1988). Desenvolvimento: lugar e tempo do organismo versus lugar e tempo do sujeito. In A. Jerusalinsky (Org.), *Psicanálise e desenvolvimento infantil: um enfoque transdisciplinar* (pp. 39-55). Artes Médicas.

Lacan, J. (1949/1998). O estádio do espelho como formador da função do eu tal como nos é relevada na experiência psicanalítica. In J. Lacan, *Escritos* (pp. 96-103). Zahar.

Le Boulch, J. (2001). *O desenvolvimento psicomotor: do nascimento até os 6 anos* (7a ed.). Artmed.

Lerner, R., & Kupfer, M. C. M. (Orgs.) (2008). *Psicanálise com crianças: clínica e pesquisa.* Fapesp/Escuta.

Perez, D. O. (2009). El cuerpo y la ley: de la idea de humanidad kantiana a la ética del deseo en Lacan. *Revista de Filosofia, 21*(29), 481-501.

Piaget, J. (1967/1999). *Seis estudos de psicologia* (24a ed.). Forense.

Safra, G. (2006). *Desvelando a memória do humano: o brincar, o narrar, o corpo, o sagrado, o silêncio.* Edições Sobornost.

Sawaia, B. (2014). Introdução: Exclusão ou inclusão perversa? In B. Sawaia, *As artimanhas da exclusão: análise psicossocial e ética da desigualdade social* (pp. 7-16; 14a ed.). Vozes.

Schilder, P. (1950/1980). *A imagem inconsciente do corpo.* Martins Fontes.

Separavich, M. A., & Canesqui, A. M. (2010). Girando a lente socioantropológica sobre o corpo: uma breve reflexão. *Saúde e Sociedade, 19*, 249-259.

Taylor, A. (Diretora). (2008). *Examined life – philosophy in the streets* [Documentário]. http://www.youtube.com/watch?v=k0HZaPkF6qE.

Trevarthen, C. (2011). What is it like to be a person who knows nothing? Defining the active intersubjective mind of a newborn human being. *Infant and Child Development, 20*(1), 119-135. http://doi.org/10.1002/icd.689

Vygotsky, L. S. (1978/1991). *A formação social da mente: o desenvolvimento dos processos psicológicos superiores* (4a ed.). Martins Fontes.

Vygotsky, L. S. (1997). *Obras escogidas V: fundamentos de defectología.* Visor.

Wallon, H. (1941/2007). *A evolução psicológica da criança.* Martins Fontes.

Wright, B. A. (1960). *Physical disability: a psychological approach.* Harper & Row.

2. (Con)fusões e reações frente à deficiência: o estranho em si

Diego Rodrigues Silva

Em que momento, nas relações humanas, meu semelhante deixa de ser visto como um igual? Experiência estranha que ocorre quando nos deparamos com o diferente. Contudo, meu semelhante também é diferente, ou se estaria falando de relações com o próprio espelho. Como, então, meu semelhante, ainda que diferente, se torna um estranho? Questão curiosa que pode ser vista no contato com pessoas com deficiência.[1] As diferenças visualmente perceptíveis causam algo.

Amaral (1994) aponta que, para manter a ordem, foram criados os números, as medidas, a simetria, de modo que a perfeição está atrelada à ordem e a imperfeição à desordem. Assim, a ordem possui uma conotação positiva, remetendo ao "bem/bom", em juízo de valor, enquanto a desordem é tida como "mal/mau". O que, então, escapa a essa norma, é ambíguo, desestruturado, traz insegurança, inquietação e terror.

Freud (1917/1996) encontrou na diferença a base dos sentimentos de estranheza: "a hostilidade que em cada relação humana observamos lutar

1 Remeto o leitor à série de vídeos "Dê uma ajudinha a si mesmo, reveja seus conceitos", produzida pelo Instituto Mara Gabrilli em 2013. Os vídeos retratam situações cotidianas vivenciadas por pessoas com deficiência, como um homem com síndrome de Down fazendo compras, a quem alguém pergunta onde está sua mãe, ou uma cadeirante que é carregada para um lugar sem ter pedido e outros. O material enfatiza justamente essas reações desconcertantes.

vigorosamente contra os sentimentos de companheirismo e sobrepujar o mandamento de que todos os homens devem amar ao seu próximo" (p. 209). O autor explica que essa aversão ao estranho se relaciona ao narcisismo, como se o diferente fosse capaz de nos modificar, contaminar e enfraquecer. Há uma forma de perigo que não diferencia físico e mental, real e imaginado. Desse modo, a hostilidade recai sobre aquele que é diferente, ainda que se expresse distanciando-se do sentimento original, encontrando formas socialmente aceitas de manifestação (Freud, 1917/1996; 1921/1996; 1930/1996). Em vez de atitudes diretamente hostis, fazem-se presentes reações de superproteção, negação (Fédida, 1984), benevolência obrigatória (Crochík, 1995), exclusão e segregação (Goffman, 1988).

A detecção de reações peculiares frente à deficiência já foi observada e discutida. Neste quesito, somos gratos à Amaral (1994) por insistir nesse modelo de compreensão que não privilegia os fenômenos sociais, mas os eventos psicológicos internos. Frente a dados tão instigantes, aprofundar esse modelo parece profícuo, inclusive para verificar sua pertinência no momento atual.

O que se sabe sobre as origens das reações?

A associação entre reações frente à deficiência e processos inconscientes se manteve nessa literatura ao longo do tempo. Livneh (1982), em sua extensa revisão acerca dessas reações, elenca duas origens. A primeira se encontra no campo social, que, ao passo que definiria normas sobre como deve ser o corpo, engendraria para a deficiência um "lugar de doente". A segunda se refere a processos inconscientes que buscariam manter a integridade psíquica que se desorganiza frente à deficiência. Nesses momentos podem ocorrer alguns fenômenos pelo autor verificados:

- Ansiedade, alterações cognitivas-intelectuais e perceptuais-afetivas;
- Desorganização da própria imagem corporal, seguida de angústia e temor da desintegração egóica;
- Crença de que a pessoa com deficiência obrigatoriamente vivencia sofrimento e luto e /ou a deficiência é uma forma de punição;

- Generalização dos prejuízos, estendendo a deficiência para outros aspectos da pessoa (inclusive seu caráter);
- Fascinação e repulsa pela deficiência;[2]
- Temor de ser prejudicado e/ou contaminado.

Cubbage e Thomas (1989) buscaram na teoria freudiana e na literatura da época ferramentas teóricas para explicar as reações. Seu argumento é que alterações ou danos ao corpo, seja ao seu próprio ou ao de outrem, despertam ansiedade. Assim, conteúdos como o medo da morte estariam presentes no contato com a pessoa com deficiência, despertando ansiedade e, nas situações mais intensas, aversão. Essa ansiedade demandaria o uso de defesas para reduzir a tensão e retornar ao estado anterior, culminando nas reações frente à deficiência. Vale notar que isso não implica necessariamente concepções e atitudes positivas ou negativas, como os autores ilustram. Há uma forma que atribui poderes especiais a essas pessoas, como exemplifica a história dos oráculos que cegos podiam ver o futuro. Algo semelhante se observa com diagnósticos de deficiência na primeira infância, quando então bebês se tornam anjos, messias, seres iluminados e outras designações que se enquadram naquilo que Battikha, Faria e Kopelman (2007) denominam "função heroica do bebê".

A revisão de Thomas e Siller (1999) sobre reações frente à deficiência mostra que o modelo ansiedade-defesa-reação é simplista, pois implicaria que qualquer condição atípica do corpo despertaria as mesmas reações que a deficiência. Assim, propõem três vias de explicação. Na primeira há o narcisismo, isto é, a forma como cada um retira energia de si e investe nos objetos (assim como seu movimento inverso) está relacionada a uma maior ou menor presença e intensidade das reações. Dessa forma, a maneira como a pessoa lida com o luto seria um indicativo de como se organizam essas energias e, assim, as reações: quanto melhores forem os recursos para lidar com o luto, menores seriam as reações. A segunda diz respeito às defesas: quanto

2 Interessante notar como o conceito de *freak show* aparece na cultura em diferentes mídias. Exemplos como o Circo das Aberrações, comuns nos Estados Unidos entre o final do século XIX e a metade do XX, exploram como a deficiência desperta repulsa, mas ao mesmo tempo interesse.

mais intensamente essas atuam, maiores são as reações frente à deficiência. A terceira trata das projeções de medos inconscientes, de forma que a especificidade da deficiência suscita questões pessoais que disparariam as reações. A falta de visão, por exemplo, se mostraria ameaçadora para aqueles que possuem temores relacionados ao controle do ambiente. É importante enfatizar que tais proposições são suportadas por pesquisas experimentais realizadas em sua época.

Por fim, o estudo realizado por Hirschberger, Florian e Mikulincer (2005) corrobora a compreensão anterior. Avaliando a resposta de 146 estudantes de graduação, verificaram que, quando estímulos visuais e textuais relacionados à morte são apresentados, há menos sentimentos de compaixão frente à deficiência. Inversamente, quando o estímulo inicial era a deficiência, conteúdos a respeito da morte apareceram. A conclusão segue o padrão da literatura: a deficiência desperta sentimentos relacionados à percepção da vulnerabilidade orgânica e sua finitude, sendo às vezes necessário se afastar para evitar a ansiedade.

Primeiramente, esse panorama demonstra que a busca pelas origens das reações frente à deficiência em eventos internos é predominantemente composta por teorias psicodinâmicas e psicanalíticas. Nota-se, também, que os estudos produzidos nessa área se concentram nas décadas de 1980 e 1990. Considero que algumas lacunas devem ainda ser preenchidas, como: quais processos fazem com que o narcisismo esteja relacionado às reações? De que modo a deficiência se relaciona à morte na causação das reações? E, o mais importante, como a deficiência vista no outro pode ter um efeito interno tão significativo que poderia desencadear ansiedade, alterações cognitivas-intelectuais e perceptuais-afetivas? Tecerei algumas considerações sobre essas perguntas.

O imperativo da regularidade

É consenso que as normas e modelos sociais participam das reações frente à deficiência. Entretanto, estes não organizam apenas a relação entre as pessoas, mas também a relação das pessoas com elas próprias. Assim, a realidade pode ser compreendida a partir de três registros de experiência: o real, o simbólico e o imaginário. Isso torna a realidade algo mais complexo do que apenas sua factibilidade concreta, acrescentando imagens e palavras que dão contorno às experiências humanas. Se anteriormente conceitos psicanalíticos serviram de base para essa compreensão, recorremos a eles mais uma vez e observamos se há avanços.

No registro imaginário há a consistência, a univocidade e o sentido. Mesmo que eu veja cadeiras com formatos diferentes, ainda são cadeiras. Ao ver várias pessoas, mesmo que diferentes entre si, sei que são pessoas – e não cadeiras –, sei que são meus semelhantes.[3]

> *O imaginário é tudo o que diz respeito à imagem do corpo sem a mediação da palavra, reduzindo as relações humanas à especularidade, o que faz com que sejam anulados os limites e as diferenças entre o sujeito e o outro como semelhante. No imaginário reina a lei do transitivismo, onde o eu se torna sinônimo do outro. O caráter de univocidade do imaginário elimina a ambigüidade, a polissemia e o equívoco, marcas indeléveis do simbólico. (Jorge & Ferreira, p. 35-36)*

O imaginário possui um papel fundamental na organização do Eu e da autoimagem (Lacan, 1948/1998). A imagem que a mãe tem do bebê permite que este se organize, fornecendo informação sobre quem ele é, o que deve fazer e onde chegar. Quando o bebê se identifica a essa imagem, o que antes era um corpo composto de diferentes partes preenchidas por sensações difusas se torna, por exemplo, o Ricardo, que já fica em pé sozinho e que gosta muito de desenhar. Dadas as suas habilidades manuais precoces, há de ser um artista quando crescer e seu sorriso mostra a alegria que sente ao desenhar. Ainda que a mãe não possa saber o que está acontecendo com seu filho ou o que realmente este poderá ser, há aqui transitivismo, e ela "sabe" o que ele é e poderá ser. Pouco importa se Ricardo será desenhista ou músico, pois algo foi organizado dentro de uma certa lógica.

---

3 Este é um momento oportuno para lembrar da declaração de Sunaura Taylor: "quando ainda caminhava, e me era dito que caminhava como um macaco", mencionada no capítulo anterior.

No registro do simbólico, as palavras também fornecem contornos para as experiências, não pela via da imagem, mas pela atribuição de sentido. Um bebê, ao nascer, encontra um mundo ordenado à sua volta. É posto em um berço que serve para bebês dormirem, nele é colocada uma fralda, que é para onde devem ir seus excrementos para que não se espalhem. Enfim, há toda uma rede de sentidos externos e anteriores ao bebê e que lhe são transmitidos pela linguagem. Desde cedo, a cultura se faz presente, com todas as suas normativas e significações que servem de estruturação e organização para cada um (Jorge & Ferreira, 2005). Neste conjunto, é possível compreender como se formam os padrões e as normas, o que implica o lugar de "comum" ou "desviante" e como tais referências servem para estruturar e organizar o mundo interno e externo, para, assim, cada um poder agir sobre ele.

Desse modo, o registro do real é o que escapa aos fechamentos do imaginário e do simbólico, insistindo em se fazer presente. Trata-se da parte da experiência impossível de ser dita ou pensada, da qual se sabem apenas os efeitos e cujo maior representante é a angústia.[4] Se o imaginário constrói um sentido e o simbólico sentidos diversos, o real se refere à ausência dos sentidos, expondo que se trata apenas construções e não a "coisa em si" (Jorge & Ferreira, 2005). Dessa forma, é possível compreender que a angústia advém da desconstrução de bases organizadoras fundantes, sendo necessário, nesses momentos, arranjar formas de encobrir o furo que expõe a ausência dos sentidos.

Um estranho no espelho

Com essa base teórica, é possível reler o texto de Amaral (1994). A ordem se refere ao imaginário e ao simbólico, designando que o corpo humano tenha dois braços, duas pernas, dois olhos; que os olhos tenham a função de ver, e as mãos, de pegar. Se uma criança usa o pé para chutar uma bola, tudo é perfeitamente compreensível, antecipável e controlável. Contudo, alguém que leia em braile, com os dedos, ou pegue objetos com a boca, escapa ao modelo

4 Importante indicar que o termo *angust* presente em Freud já foi traduzido como angústia e ansiedade, muitas vezes tratadas de maneiras distintas. Para esta literatura, considero que em ambos os termos se trate do mesmo fenômeno.

constituído pela imagem e cuja função foi definida a partir de sentidos compartilhados. Novamente, o que escapa à norma é ambíguo, desestruturado, traz insegurança, inquietação e terror, pois, justamente, expõe a fragilidade desses modelos tão estruturantes para a condição humana. E, para além desses, há a desordem, o caos, a experiência em si.

Dessa maneira, a deficiência desencadeia um efeito de real (Andrade & Soléra, 2006), pois suas estruturas e funções rompem os sentidos, despertam angústia e demandam uma ação que os refaça, reconstrua ou reestruture. Talvez aqui se encontre o motivo pelo qual morte e deficiência se relacionam. A ideia de que as dificuldades da deficiência remetem à limitação humana e, então, à finitude, parece abrangente. Entretanto, pode ser uma forma malograda de dar sentido à experiência da angústia, uma tentativa de recobrir o real exposto.

Algo semelhante se encontra em Freud (1919/1996) ao tratar do que o provoca medo e horror. "Membros arrancados, uma cabeça decepada, mão cortada pelo pulso . . . pés que dançam por si próprios . . . todas essas coisas têm algo peculiarmente estranho a respeito delas" (p. 261). Discute que muito do que não é estranho na ficção o seria se ocorresse na realidade, pois lidamos com sistemas de regras e diretrizes que indicam as normativas da realidade. Logo, em uma narrativa, o autor define os parâmetros de seu universo, e o que for apresentado dentro de suas diretrizes não será sentido como estranho. O estranhamento se dá quando essas coordenadas são rompidas, causando justamente o efeito de estranhamento, pois houve uma extrapolação da verdade estabelecida.

A palavra "estranho", no alemão *unheimlich*, é discutida por seu paradoxo: *heimlich* significa o que é familiar, domesticado (controlado), íntimo, seguro e agradável. Acrescentando o prefixo da negativa *un*, a palavra adquire o significado de misterioso, sobrenatural, fantástico e que desperta temor. Contudo, Freud (1919/1996) indica que *heimlich* é uma palavra ambígua, podendo ser exatamente igual ao seu oposto *unheimlich*. Partindo da ideia de "familiar" e "o que pertence à casa", chega-se a "aquilo que está afastado dos olhos de estranhos", o que é secreto, oculto e misterioso. Há aqui uma relação com o real, de modo que reações de temor e receio surgem quanto mais próximo desse lugar. Sobre essas reações, afirma:

> *Não se trata aqui, portanto, de uma questão de incerteza intelectual: sabemos agora que não devemos estar observando o produto da imaginação de um louco, por trás da qual nós, com a superioridade das mentes racionais, estamos aptos a detectar a sensata verdade; e, ainda assim, esse conhecimento não diminui em nada a impressão de estranheza. (p. 248)*

Destaco a forma como essa reação é posta como algo inexorável, mesmo que se tenha conhecimento racional sobre este mecanismo. Freud (1919/1996) relaciona a estranheza ao fenômeno do "duplo" presente em todos os níveis do desenvolvimento. A riqueza da exposição e a proximidade com a discussão aqui realizada justificam sua citação literal:

> *Assim, temos personagens que devem ser considerados idênticos porque parecem semelhantes, iguais. Essa relação é acentuada por processos mentais que saltam de um para outro desses personagens – pelo que chamaríamos telepatia –, de modo que um possui conhecimento, sentimento e experiência em comum com o outro. Ou é marcada pelo fato de que o sujeito identifica-se com outra pessoa, de tal forma que fica em dúvida sobre quem é o seu eu (*self*), ou substitui seu próprio eu (*self*) por um estranho. Em outras palavras, há uma duplicação, divisão e intercâmbio do eu (*self*). (p. 252, grifos do autor)*

Se a deficiência tem um efeito de real, como dito, isto se deve ao fato de apresentar algo que causa estranheza no outro. O fenômeno do duplo guarda uma relação com o espelho, as sombras, espíritos guardiões, a crença na alma e o medo da morte. A alma, como o primeiro exemplo do duplo para se safar da morte, tem um efeito paradoxal: ao mesmo tempo que é uma saída para a morte, é um estranho anunciador dela. Esse duplo, originado no narcisismo, ganha, com os estádios posteriores, novas atividades, podendo observar, julgar e dar sentido ao Eu. Contudo, da mesma forma que a energia avança no investimento dos objetivos, também retorna dos objetos investidos para si, gerando alguns efeitos:

- Conversão do estranho em objeto de temor;
- Retorno a fases de elevação do sentimento de autoconsideração;
- Regressão do Eu a um estado de indistinção eu-outro e eu-mundo externo;
- Onipotência do pensamento, de modo a interpretar eventos aleatórios atribuindo-lhes intencionalidade.

No registro do imaginário, como visto, eu e outro se confundem: uma mãe pode saber o que sente um filho, da mesma forma que, no contato com uma pessoa com deficiência auditiva, posso saber o que este sente por não ouvir. Talvez se encontre aqui a projeção dos medos inconscientes, no sentido de que, na identificação com a pessoa com deficiência, projeto aspectos meus, atribuindo-os a ela. Isso explicaria as crenças de que a pessoa com deficiência, obrigatoriamente, vivencia sofrimento e que a deficiência é uma forma de punição. Como citado, não há distinção entre aquilo que é concreto ou imaginado e pouco importam os aspectos racionais, pois a onipotência do pensamento vigora. Talvez por este motivo haja relatos sobre alterações cognitivo-intelectuais e perceptual-afetivas frente à deficiência, pois padrões são afetados e a prioridade é reconstruí-los.

Penso que o paradoxo fascinação/repulsa possa ser compreendido dentro desta lógica. O que escapa ao convencional é temido, mas também é um mistério que desperta o interesse: "algo que deveria ter permanecido oculto, mas veio à luz" (Freud, 1919/1996, p. 258). Ademais, como a cabeça da Medusa, ser capturado pela imagem do estranho "torna o espectador rígido de terror, transforma-o em pedra" (Freud, 1940[1922]/1996, p. 283). Na transitividade imaginária, "o que desperta horror em nós próprios produzirá o mesmo efeito sobre o inimigo de quem estamos procurando nos defender" (p. 284).

Nas palavras de Fédida (1984):

> *De um certo modo, reencontramos aí alguma coisa que a experiência psicopatológica quotidiana conhece bem, isto é, o fato de que, sob qualquer forma que seja em relação à integridade do corpo, o deficiente apresenta um espelho perturbador, desorientador, um espelho que, certamente engaja nossa experiência psicótica*

> *pessoal onde ela não se encontra reconhecida como tal, ou chamada como tal. (p. 144)*

Sistematizando, o contato com a pessoa com deficiência afeta os modelos de estrutura e função do corpo, organizadores da experiência humana. Ao cumprimentar uma pessoa com deficiência visual, por exemplo, a primeira ação é estender a mão. No momento seguinte, na "paralisia momentânea" (Crochík, 1995, p. 16), a incompatibilidade de modelos e definições produz um efeito de real, suscitando angústia. Nesse breve intervalo, a energia investida na pessoa retorna para si, levando à transformação da pessoa com deficiência em objeto de terror e a um aumento da autoconsideração, da onipotência do pensamento e da indistinção eu-outro. Conteúdos relacionados à finitude e mesmo à morte podem se fazer presentes. Aspectos perceptivos e lógicos são secundarizados, pois o foco do aparelho psíquico é recobrir os sentidos e assim a organização anterior. Importante apontar que o terror não advém da pessoa com deficiência, mas da sensação que esta desperta, fazendo com que sinta o estranho em si.[5] O que ocorrerá adiante é uma tentativa de recuperar os modelos e sentidos e diminuir a angústia.

Ajuda para aquele que não a pediu

Uma vez que as desconstruções se fazem presentes, as ações seguintes ocorrerão sob esta condição como reações frente à deficiência. Podem aparecer no pensamento – e aqui podem ser localizadas as concepções de que a deficiência é uma vivência de sofrimento obrigatório, castigo, ou, inversamente, de que se trata de uma pessoa especial, esforçada etc. – e nas atitudes:

> *Dizemos frases ou atuamos no sentido de dar um consolo antecipado a quem não o solicitou, ou esboçamos um sorriso que aparente compaixão e esconda nossa aflição, sem nos perguntarmos se essas reações dizem respeito à pessoa que deformamos ou a nós mesmos. (Crochík, 1995, p. 16)*

5 Em si, tanto no sentido do real da experiência para além do imaginário e simbólico como dentro de si.

Fédida (1984) e posteriormente Amaral (1995) descreveram e categorizaram estas atitudes. A atenuação se caracteriza por frases do tipo "poderia ser pior", que lançam uma tentativa de amenizar a dificuldade supondo outras que, supostamente, seriam mais graves. A compensação, descrita como algo interessante se não estiver na função de negação, é definida pelas frases com a palavra "mas": "tem uma deficiência, mas é inteligente", de modo que um aspecto é enaltecido até o ponto de ocultar a incapacidade advinda da deficiência. Por fim, a simulação, composta por frases da categoria "mas é como se não fosse", é a forma de negação mais expressiva em relação às outras, pois busca ocultar a deficiência sem nenhuma contrapartida, ao contrário das demais. Amaral (1995) indica que esses três modelos não esgotam todos os mecanismos que podem se fazer presentes, sugerindo que outros estudos poderiam lançar luz sobre esses processos.

Ambos os autores enfatizam que esses mecanismos buscam negar a existência da deficiência, ainda que das maneiras mais ilógicas. Entretanto, considerando a base teórica proposta, critérios perceptivos e racionais são irrelevantes, e negar a deficiência é uma forma de retornar ao modelo e sentido anteriores. Desse modo, a deficiência (fora da norma) é negada enquanto um aspecto (pertencente à norma) é exaltado ou mesmo a substitui: "não enxerga, mas é tão simpática". Amaral (1994) ainda sugere que quanto maior a alteração observada na deficiência, maior será o estranhamento e seus efeitos. Contudo, aqui devo discordar, pois, como dito, a realidade concreta não se diferencia da realidade psíquica. Uma vez presentes, mesmo leves peculiaridades nas funções do corpo podem disparar angústia.

Assim, a diminuição das reações não se daria apenas com um maior acesso à informação, pois se trata de um evento interno que depende de condições de funcionamento mental, principalmente em relação aos movimentos narcísicos do eu no registro imaginário. Nesse caso, mesmo que os recursos mentais levem a uma reação intensa, podem permanecer em pensamento até que haja uma reorganização e assim a interação com a pessoa com deficiência não é comprometida. É evidente que esse período é variável para cada um, mas o ponto central é a pausa antes da ação. Pausa e autoavaliação podem diminuir relações aviltantes, sejam elas de sob ou sobreconsideração.

> *Um dos caminhos é percebermos o que está se passando para que possamos não eliminar preconceitos (objetivo impossível de ser atingido) mas reconhecê-los em nós e, então, elaborá-los para que não se interponham em nossas relações vivas e pulsantes de cada dia. (Amaral, 2001, p. 160)*

Considerações finais

Este estudo buscou desenvolver a explicação psicodinâmica das reações frente à deficiência e encontrou uma congruência entre diferentes autores que chama a atenção. Considero que a escolha de Amaral em insistir nos fatores internos ainda fornece ferramentas para a psicologia discutir e atuar sobre situações de exclusão e preconceito. Com o acréscimo dos registros real, simbólico e imaginário, sua proposta parece ganhar mais consistência, o que espero que oxigene essa literatura para que novos estudos surjam a fim de validar ou refutar o que foi aqui exposto.

É inevitável ignorar como esta discussão nos leva a falar sobre seres mitológicos e fantásticos. Centauros, medusas, fantasmas não são mais do que representações humanas com definições de realidade distintas das utilizadas no cotidiano. Talvez por isso Amaral se referia tanto a estes seres, pois são uma forma de compreender como a humanidade lidou com o diferente. Como afirma Victor Hugo[6] (1988): "Alguns de seus filósofos lançavam às vezes sobre os objetos fracas luzes que não iluminavam senão de um lado, e tornavam maior a sombra do outro. Daí todos estes fantasmas criados pela filosofia antiga" (p. 21). Quanto maior a ênfase na clareza e na exatidão da luz, mais aquilo que está na sombra se torna estranho e instigante.

---

6 Autor das obras *O corcunda de Notre Dame* e *O homem que ri*, explorou o grotesco e seus efeitos nas relações sociais.

Referências

Amaral, L. A. (2001). A diferença corporal na literatura: um convite a "segundas leituras". In S. Silva & M. Vizim (Orgs.), *Educação especial: múltiplas leituras e diferentes significados* (pp. 131-161). Mercado de Letras; Associação de Leitura do Brasil.

Amaral, L. A. (1994). Corpo desviante/Olhar perplexo. *Psicologia USP, 5*(1/2), 245-268.

Amaral, L. A. (1995). Mecanismos psicológicos de defesa frente à deficiência: atitude, preconceito e estereótipo. In L. A. Amaral, *Conhecendo a deficiência (em companhia de Hércules)* (pp. 109-124). Robe Editorial.

Andrade, M. L. A., & Soléra, M. O. (2006). A deficiência como um "espelho perturbador": uma contribuição psicanalítica à questão da inclusão de pessoas com deficiência. *Mudanças - Psicologia da Saúde, 14*(1), 85-93.

Battikha, E. C., Faria, M. C. C., & Kopelman, B. I. (2007). As representações maternas acerca do bebê que nasce com doenças orgânicas graves. *Psicologia: Teoria e Pesquisa, 23*(1), 17-24. http://doi.org/10.1590/S0102-37722007000100003

Crochík, J. L. (1995). *Preconceito, indivíduo e cultura*. Robe Editorial.

Cubbage, M. E., & Thomas, K. R. (1989). Freud and disability. *Rehabilitation Psychology, 34*(3), 161-173. http://doi.org/10.1037/h0091722

Diken, I. H. (2006). Turkish mothers' interpretations of the disability of their children with mental retardation. *International Journal of Special Education, 21*(2), 8-17.

Freud, S. (1917/1996). O tabu da virgindade. In S. Freud, *Edição standard brasileira das obras psicológicas completas de Sigmund Freud* (Vol. XI, pp. 200-217). Imago.

Freud, S. (1919/1996). O 'estranho'. In S. Freud, *Edição standard brasileira das obras psicológicas completas de Sigmund Freud* (Vol. XVII, pp. 235-269). Imago.

Freud, S. (1921/1996). Psicologia de grupo e análise do ego. In S. Freud, *Edição standard brasileira das obras psicológicas completas de Sigmund Freud* (Vol. XVIII, pp. 74-146). Imago.

Freud, S. (1930/1996). O mal-estar na civilização. In S. Freud, *Edição standard brasileira das obras psicológicas completas de Sigmund Freud* (Vol. XXI, pp. 65-151). Imago.

Freud, S. (1940[1922]/1996). A cabeça de Medusa. In S. Freud, *Edição standard brasileira das obras psicológicas completas de Sigmund Freud* (Vol. XVIII, pp. 283-284). Imago.

Fédida, P. (1984). A negação da deficiência. In M. I. D. Á. Neto (Org.), *A negação da deficiência: a instituição da diversidade*. Achiamé & Socius.

Goffman, E. (1988). *Estigma: notas sobre a identidade deteriorada*. LTC.

Hirschberger, G., Florian, V., & Mikulincer, M. (2005). Fear and compassion: a terror management analysis of emotional reactions to physical disability. *Rehabilitation Psychology*, *50*(3), 246.

Hugo, V. (1988). *Do grotesco e do sublime: tradução do "Prefácio de Cromwell"*. Perspectiva.

Jorge, M. A. C., & Ferreira, N. P. (2005). *Lacan: o grande freudiano*. Zahar.

Lacan, J. (1948/1998). O estádio do espelho como formador da função do eu tal como nos é relevada na experiência psicanalítica. In J. Lacan, *Escritos* (pp. 96-103). Zahar.

Livneh, H. (1982). On the origins of negative attitudes toward people with disabilities. *Rehabilitation Literature*, *43*, 11-12, 338-347.

Thomas, K. R., & Siller, J. (1999). Object loss, mourning, and adjustment to disability. *Psychoanalytic Psychology*, *16*(2), 179. http://doi.org/10.1037/0736-9735.16.2.179

Parte II
As deficiências

3. Deficiência física

Diego Rodrigues Silva

A deficiência física é caracterizada por prejuízos nas estruturas e funções do corpo relacionadas ao movimento, incluindo dificuldades na coordenação motora grossa e fina, problemas na fala, deglutição, dentre outros. Estima-se que 1% (75 milhões) das pessoas no mundo precisa de cadeira de rodas[1] para locomoção (Wagner, 2021). No Brasil, 2,3% declararam ter deficiência física, tendo 734.421 pessoas com dificuldades motoras extremas, 3.698.989 grande dificuldade e 8.832.249 alguma dificuldade (IBGE, 2010).

Do ponto de vista fenomenológico, a deficiência física pode se apresentar como completa ou parcial de um ou mais segmentos do corpo humano. Quanto à sua forma, pode se caracterizar como (Macedo, 2008):

- Paraplegia: paralisia total ou parcial da metade inferior do corpo;
- Paraparesia: perda parcial das funções da metade inferior do corpo;
- Monoplegia: perda total das funções motoras de um só membro (superior ou inferior);
- Monoparesia: perda parcial das funções motoras de um só membro (podendo ser membro superior ou membro inferior);
- Tetraplegia: paralisia total do corpo;

1 Ainda que pouco preciso, o critério "faz uso de cadeira de rodas" foi o único encontrado nas estatísticas mundiais de pessoas com deficiência física.

- Tetraparesia: perda parcial das funções motoras do corpo;
- Triplegia: perda total das funções motoras em três membros;
- Triparesia: perda parcial das funções motoras em três membros;
- Hemiplegia: perda total das funções motoras de um hemisfério do corpo (direito ou esquerdo);
- Hemiparesia: perda parcial das funções motoras de um hemisfério do corpo (direito ou esquerdo).

Cito algumas das principais etiologias encontradas nesse rol para ilustrar o quadro. A paralisia cerebral é um distúrbio não progressivo e causa um prejuízo no desenvolvimento do sistema nervoso, principalmente nos três primeiros anos de vida. Os danos funcionais decorrentes dessa injúria ao desenvolvimento são motores, como prejuízos nas contraturas musculares, deformidades, espasticidade e rigidez articular. Entretanto, podem também compor o quadro dificuldades comportamentais, problemas músculo esqueléticos secundários, distúrbios sensoriais, cognitivos e de comunicação (Rosenbaum et al., 2007).

A hidrocefalia se define por um aumento na quantidade de líquido cefalorraquidiano no espaço da caixa craniana devido a condições como tumor, infecção ou hemorragia intracraniana. A consequência desse aumento é a hipertensão intracraniana, que leva a um aumento da circunferência do crânio e pode conduzir a prejuízos no desenvolvimento neuropsicomotor. A gravidade e a extensão podem variar conforme a sequela (Jucá et al., 2002). Em oposição à hidrocefalia há a microcefalia. É característico dessa condição um perímetro cefálico menor que dois ou mais desvios padrão em relação à referência para o sexo, idade ou tempo de gestação do bebê devido a causas variadas. Como consequência, há um atraso no desenvolvimento e, em 90% dos casos, prejuízos neurológicos que podem incidir sobre a motricidade e a cognição (Salge et al., 2016).

A artrogripose é congênita e não progressiva. Suas características principais são alterações na pele, musculatura reduzida, atrofiada e parcialmente substituída por tecido fibrogorduroso, articulações deformadas e rigidez. Ainda que haja limitação da mobilidade, a sensibilidade e a cognição são preservadas. As contraturas se expressam mais intensamente após o parto.

Devido ao comprometimento das articulações e à rigidez das estruturas, ao longo do crescimento, os tecidos fibrogordurosos não acompanham o crescimento ósseo, levando a deformidade e prejuízos motores (Svartman et al., 1995).

Psicologia e deficiência física

A articulação entre psicologia e deficiência física se tornou frequente após a Segunda Guerra Mundial. Com soldados amputados e sofrendo de estresse pós-traumático, as discussões em torno da reabilitação perpassaram os aspectos subjetivos. É nesse contexto que surge a obra de Beatrice A. Wright, *Physical disability: a psychological approach* (1960; 1983), um marco para a área, tendo moldado uma geração de profissionais e se mantendo relevante para a área clínica e acadêmica até os dias atuais (Dunn & Elliott, 2005). Em suas duas edições, os principais temas abordados são autoconceito, imagem corporal, percepção sobre as relações afetivas e atitudes negativas frente às pessoas com deficiência. Interessantemente, trata-se dos mesmos temas centrais dos quais os pesquisadores se ocupam atualmente, ainda que desde já seja necessário apontar que se trata de uma área com pouca cadência de publicação se comparada a outros campos. Ademais, assim como Wright (ou talvez inspirados por ela), esses estudos exploram e ilustram como a percepção, as emoções e sensações podem modificar e ser modificadas pelo corpo e seus movimentos. Passo para uma apreciação geral dos temas.

Autoconceito e imagem corporal

Os estudos avaliando o autoconceito de pessoas com deficiência física se entrelaçam aos da imagem corporal e se caracterizam por uma pluralidade conceitual. Recupero alguns exemplos específicos dessa literatura. Taleporos e McCabe (2002) definem imagem corporal como uma experiência psicológica focada nos sentimentos e atitudes frente ao próprio corpo. Inclui aspectos conscientes e inconscientes que podem ter relação com o tamanho, função, aparência e potencial do corpo. Estes, por sua vez, são influenciados pelas variações históricas, culturais e sociais, fatores individuais, biológicos e ambientais. Howes, Edwards e Benton (2005) concebem imagem corporal como "autoconceito", sendo a visão subjetiva do próprio corpo, estado de saúde, aparência física, habilidades e sexualidade. Tam, Chan, Lam e Lam (2003), também utilizando o termo autoconceito, o compreendem como o quadro de referências pelo qual o indivíduo interage com o mundo, sendo uma forte influência para o comportamento humano. Está relacionado às experiências, competências e à autorrealização. Para Hammar, Ozolins, Idvall e Rudebeck (2009), a imagem corporal é considerada parte do conceito de autoestima e autopercepção. Possui duas dimensões: uma relacionada à percepção e outra à atitude. Sweeney, Horne e Ketz (2015) utilizam o termo autoesquema sexual, definindo-o como generalizações cognitivas sobre aspectos sexuais de experiências passadas, de modo que este influencia as informações sobre a sexualidade e guia o comportamento sexual. Suc, Lesnik e Erpic (2015) utilizam o termo autopercepção, definido como um processo mental que inclui processos de identificação com outras pessoas, podendo mudar, evoluir e se ajustar nas novas situações da vida. A autopercepção leva ao autoconceito, à percepção de si, composta por sensações, pensamentos e noções sobre si. Trata-se daquilo que se pensa de si e de suas capacidades, características, seu corpo, suas chances, sucessos e falhas.

Em uma perspectiva fisiológica, Guenther e colaboradores (2010) definem imagem corporal como a imagem mental do ser físico e os sentimentos provenientes desta estrutura. É uma visão emocional do aparato físico e está à margem da consciência. Breakey (1997) compreende imagem corporal como a imagem mental das formas do corpo. É uma imagem individual considerada ideal em relação ao corpo e está relacionada às emoções, percepções e reações psicossociais. Considera o registro sensorial, as respostas reflexas, respostas da espécie relacionadas à sobrevivência, identidade, no sentido da relação com o outro e avaliações sociais, atuando como estímulos para si e para os outros. Abarca também a compreensão de um lugar de existência privada e protegida, o que também permite a expressão em uma linguagem corporal compartilhada nas relações sociais.

Por fim, em uma proposta psicanalítica, Gascón e colaboradores (2013) partem da concepção de que o corpo elabora uma imagem inconsciente desde a concepção, dadas as sensações e o contato com a mãe, tanto pelas trocas afetivas quanto pela linguagem. Trata-se de uma memória sensorial que se torna memória do corpo-vivido. É o modo como cada um se percebe no tempo e espaço; é sua identidade e tradução de si mesmo.

Nota-se que na literatura da deficiência física, a imagem corporal agrega aspectos perceptivos e físicos, sendo um organizador para as relações. Assim, é possível abstrair que a forma com que a pessoa com deficiência é vista impacta o modo como vê o mundo, incluindo a si própria. Talvez daí decorra a preocupação do campo em verificar o impacto de se ter estruturas e funções do corpo não usuais e possíveis prejuízos advindos do ambiente, pois isso traria repercussões para a personalidade e a saúde mental.

Apresento alguns resultados advindos de estudos nessa área. Hammar e colaboradores (2009), avaliando a imagem corporal de 61 adolescentes com paralisia cerebral e 98 sem deficiência, verificaram no grupo-alvo baixo índice de percepção de sua competência ou adequação. O maior resultado encontrado nessa categoria foi "dependência". Compreendem que o grupo com deficiência tende a se considerar menos capaz fisicamente e menos apto, atraindo a atenção das pessoas. Guenther e colaboradores (2010) avaliaram a imagem corporal de pessoas com espondilite anquilosante por meio de questionários. Participaram do grupo experimental 56 pessoas e do grupo controle 48 sem deficiência. O primeiro apresentou maiores escores de julgamento negativo do corpo, insegurança/preocupação e menores de atratividade. Não houve diferenças quanto a problemas sexuais e estresse com a aparência do corpo. Entretanto, aqueles com maior severidade de deficiência obtiveram menor cuidado com a aparência em relação aos de severidade média. Por outro lado, no grupo com deficiência, foram também significativos os resultados de maior vitalidade, energia e orientação para atividades físicas em relação ao grupo controle. Indicaram se sentir fisicamente fortes, dispostos e saudáveis. O contraste entre os resultados é explicado pelo fato de os participantes praticarem atividades físicas frequentes, como fisioterapias, que impactaram positivamente essas variáveis específicas.

Taleporos e McCabe (2002), entrevistando sete adultos com deficiência física acerca de sua imagem corporal, encontraram a influência da imagem negativa da deficiência socialmente compartilhada e a internalização desses atributos. Observaram que a apreciação negativa da imagem corporal e a sensação de ser sexualmente atraente não foram relacionados, o que em muitos estudos é tratado conjuntamente. De maneira inversa, Botero Soto e Perez (2015), avaliando 114 participantes entre 18 e 51 anos, verificaram que a maior parte apresentou uma valoração positiva de sua imagem corporal, especialmente no quesito satisfação. A aceitação de si também foi adequada quanto à deficiência e ao próprio corpo.

Campos, Avoglia e Custódio (2007), aplicando o desenho da figura humana em adultos com paraplegia adquirida, encontraram divisão do corpo em partes com uma separação marcada pela cintura, o que, de acordo com os autores, evidencia a percepção que tinham de sua deficiência. Os desenhos indicaram presença de desinteresse pelo sexo oposto e sentimento de impotência. Mecanismos defensivos, como a fuga na fantasia e racionalização defensiva, também se fizeram presentes. Para as deficiências físicas adquiridas, indicam haver uma dificuldade de integração da imagem corporal. Pérez Turpin e Suárez Llorca (2007) buscaram identificar as mudanças que se produziram na assimilação do esquema corporal de meninas com deficiência física ao longo de aulas de Educação Física da educação primária durante um ano. Após cada término de aula, foram pedidos desenhos de figuras humanas, sendo comparadas crianças com e sem deficiência. Como conclusão, encontraram que, ao longo do tempo, os desenhos dos participantes com deficiência passaram de rabiscos para representações básicas da figura humana e então representações realísticas. Para os autores, as aulas promoveram um desenvolvimento do esquema corporal e do próprio corpo.

Considero esses resultados ilustrativos na medida em que demonstram formas de abordar a imagem corporal e resultados empíricos que fomentam a perspectiva psicológica da reabilitação. Assim, teoricamente, verifica-se que a deficiência pode afetar a imagem corporal, mas isso não significa uma alta incidência ou comprometimentos completos. É interessante como essas pessoas podem se sentir dependentes e pouco atrativas, mas ativos para as atividades físicas. Para melhor detalhar, separo didaticamente motricidade e autoestima.

Em relação ao corpo e seus movimentos, a percepção e a capacidade real de executar funções estão relacionadas, o que pode ser visto por meio de entrevistas, questionários e desenhos. Algo que se destaca é o fator evolutivo da imagem corporal, como um percurso no qual se parte da não integração para a integração. Para crianças e pessoas que recém-adquiriram a deficiência, as variações se mostram mais evidentes, e as atividades físicas parecem contribuir para este processo.

Existem fatores próprios ao quadro orgânico da deficiência que potencialmente afetam a imagem corporal. O uso de próteses/órteses e equipamentos pode trazer prejuízos caso estas não se integrem à imagem corporal. Manipulações e intervenções constantes sobre o corpo podem também acarretar danos à imagem corporal caso sejam feitas de maneira puramente mecânica, desconsiderando as percepções singulares da pessoa sobre a estrutura em foco. De maneira semelhante, convulsões e movimentos involuntários também oferecem riscos à imagem corporal.[2] Essas manifestações irrompem e alteram subitamente o que se encontra estabelecido na imagem corporal, requerendo uma integração que não se faz possível devido à instantaneidade da manifestação. Ao cessar, uma nova organização é requerida, constituindo um ciclo que, se repetido e sem mediação, pode causar danos maiores à organização da imagem corporal.

Passando especificamente para a autoestima, há um grande volume de pesquisas que apontam para sentimentos de inadequação com o próprio corpo, menor valoração de si, maiores níveis de conflito psicológico, insatisfação sexual e maior número de ocorrências de sintomas de ansiedade, depressão e estresse.

Shields, Murdoch, Loy, Dodd e Taylor (2006) buscaram comparar o autoconceito de jovens de até 18 anos com e sem paralisia cerebral por meio de uma revisão da literatura. Encontraram que crianças com deficiência física apresentam menor autoconceito em alguns domínios em relação às sem deficiência, sem que se possa afirmar que seja algo globalmente menor. Como consequência, apontam que as crianças com deficiência física podem se considerar menos competentes em atividades físicas, aumentando sua dificuldade de participação nelas.

2 Esse ponto foi desenvolvido a partir da concepção de "corpo fractal" proposto por Levin (2001).

Moin, Duvdevany e Mazor (2011) examinaram a associação entre identidade sexual, imagem corporal e satisfação na vida de mulheres com e sem deficiência física entre 21 e 45 anos. Participaram 70 pessoas no primeiro grupo e 64 no segundo. Por meio de questionários e escalas, encontram resultados semelhantes quanto à preocupação sexual em ambos os grupos, mas imagem corporal, autoestima sexual, satisfação sexual e satisfação com a vida obtiveram resultados significativamente menores no grupo com deficiência. Dificuldades em formar e manter relacionamentos com parceiros também foram mais evidentes no grupo com deficiência, e as participantes mais jovens obtiveram escores menores em relação às mais velhas.

Breakey (1997), revisando a literatura, aponta que a discrepância entre uma alteração física percebida e a alteração de fato produz tensões emocionais. A forma física, aponta, afeta a autopercepção, que, por sua vez, incide sobre a capacidade de aceitar os outros. Esses fatores, somados aos potenciais efeitos de estigmatização, podem levar a uma imagem corporal negativa, afetando o bem-estar. Indica que há pouca evidência de que características da personalidade estão associadas a deficiências particulares, assim como a idade e a severidade não encontram relação com o ajustamento psicológico da deficiência.

É notável que as pesquisas encontrem frequentemente menor autoestima em pessoas com deficiência, e é algo que exige uma compreensão aprofundada. Lawlor e Elliot (2012) indicam que isso ocorre pois, por um lado, o contexto atual valoriza corpos atléticos e saudáveis e, por outro, desvaloriza a deficiência, associando-a à pena, simpatia e compulsão por ajudar. Tais modelos seriam internalizados pelas pessoas com deficiência e incidiriam sobre a autoestima. Esse é um modelo fortemente presente na literatura e, inclusive, no imaginário popular. Porém, considera que todas as pessoas com deficiência possuem como ideal o corpo midiático idealizado,[3] o que obrigatoriamente

3 Existe um número significativo de artigos sobre deficiência física na China. Tal dado pode ser explicado por uma passagem do trabalho de Sit, Lau e Vertinsky (2009), que justificam sua pesquisa pela necessidade de se estudar essa população em um contexto no qual as concepções sociais/culturais acerca da deficiência são inspiradas pela noção de Confúcio, segundo a qual pessoas com deficiência física nunca poderão estar certas e/ou adequadas em uma sociedade definida como harmoniosa. Da mesma forma, se lê em Tam e colaboradores

as faria se sentir inferiores. Além de totalizante e tendencioso, esse parece um argumento simplista e que deixa de lado aspectos singulares, os mesmos relacionados à percepção de si e à construção da personalidade já citados.

Autores clássicos, como Freud, também já se debruçaram sobre o assunto. Em "Conferência XXXI: a dissecção da personalidade psíquica" Freud (1932/1996) analisa a biografia de um conhecido homem com deficiência física decorrente de uma lesão durante o nascimento que acarretou um quadro de monoparesia de membro superior. O autor da biografia buscou descrever o desenvolvimento de sua personalidade e o modo como o sentimento de inferioridade que apresentava decorria da deficiência. Freud se diferencia dessa postura, apontando que, em vez disso, a raiz de tal sentimento se encontraria nas relações afetivas. Destaca, então, uma passagem que indica que, após o nascimento, sua mãe "retirou do filho o seu amor, por causa da enfermidade dele" (p. 71). Esse modelo inicial permaneceu e passou a se repetir nas demais relações.

Essa articulação prossegue em 1913 (1996), quando Freud afirma que "o narcisismo original das crianças tem uma influência decisiva sobre nossa visão de desenvolvimento de seu caráter e exclui a possibilidade de terem elas qualquer sensação primária de inferioridade" (p. 103). Em 1914 (1996), aponta que a autoestima expressa o tamanho do eu. "Tudo o que uma pessoa possui ou realiza, todo remanescente do sentimento primitivo de onipotência que sua experiência tenha confirmado, ajuda-a a aumentar sua autoestima" (p. 104). Assim, compreende que uma parte da autoestima é primária, advinda da vivência infantil, a segunda advém da experiência e suas possibilidades de realização dos ideais e a terceira da satisfação pulsional. Deste modo, a autoestima se encontra dependente da energia narcisista, e a finalidade e satisfação consistem em ser amado. Por fim, em 1920 (1996), generaliza a relação entre ser amado na infância e autoestima para todos:

(2003) que na China há um discurso presente desde a infância sobre ser saudável e cuidar do próprio corpo, visto se tratar de algo dado pelos pais à criança. Desse modo, danos ao corpo são considerados afrontas aos ancestrais. Se apenas o contexto social fosse o mediador da baixa autoestima, haveria uma incidência muito maior dessa variável na China, um dado que não se encontra na literatura.

> *A perda do amor e o fracasso deixam atrás de si um dano permanente à autoconsideração, sob forma de uma cicatriz narcisista, o que, em minha opinião . . . contribui mais do que qualquer outra coisa para o "sentimento de inferioridade". (p. 30)*

Se o investimento desde os primeiros anos se faz importante para a autoestima, a mãe da pessoa com deficiência da biografia deixou de investi-lo afetivamente por conta da deficiência. Contudo, como visto, esse é apenas um dos três componentes; o segundo é a relação entre o eu e os ideias, e o terceiro, as possibilidades de satisfação. Seria possível localizar os ideais midiáticos e a insatisfação pela não correspondência aqui, mas a proposta segue a direção oposta. Como aponta Brauer (1998):

> *Então é possível que subjetivamente o fato de ser deficiente físico represente algo para uma determinada pessoa, que isso tenha concorrido no estabelecimento de sua identificação, que ela tenha se identificado ao significante "deficiente" para além das dificuldades motoras que este problema físico lhe acarretou, que isto signifique ainda outras coisas para essa pessoa. Isso é possível, mas não necessário. (p. 59)*

Freud (1914/1996) indica que os ideais surgem a partir da influência crítica dos pais, dos educadores, pessoas do ambiente e da opinião pública, funcionando como um vigia do eu. Assim, trata-se de algo construído de maneira única e particular dadas as interações vivenciadas. Cada interação parte de uma imagem que devolve um modelo. Por exemplo, se alguém oferece ajuda a uma pessoa com deficiência, dependendo do que esta experimentou, pode se sentir alguém incapaz que depende de ajuda. Outra, na mesma situação, pode se sentir grata por poder contar com o auxílio. Ainda que no primeiro caso haja sofrimento, em ambos há satisfação se a imagem corresponder ao modelo previamente construído ou, dito de outro modo, se houver identificação.

Sistematizando, os sentimentos de inadequação, inferioridade e baixa atratividade das pessoas com deficiência física, quando presentes, não se encontram no fato de suas estruturas e funções serem atípicas em comparação a um modelo ideal universal. Este parece ser um sintoma comum dos tempos atuais e que afeta as pessoas de forma geral. No caso da deficiência física, deve haver algo mais complexo, que guarda relação com as representações sociais, mas depende de aspectos singulares. É possível que, ao longo da vida, todos tenham partido de modelos inferiorizantes ao se dirigir a uma pessoa com deficiência, mas, sem que esta tenha se identificado, não sente baixa autoestima. Por outro lado, basta um modelo negativo com o qual haja identificação para que sentimentos de baixa autoestima se manifestem. Para que isso tenha ocorrido, porém, é preciso que as bases relacionais inicias tenham sido afetadas.

Relações e atitudes negativas frente à deficiência

Tendo em vista a pertinência das relações para a organização da imagem corporal e os sentimentos de baixa autoestima, este é um tema presente nas pesquisas atuais. Mais especificamente, pesquisam têm buscado explicar as atitudes negativas observadas, principalmente, em pessoas sem deficiência no contato com pessoas com deficiência. Apresento alguns resultados interessantes.

Bustillos e Silvan-Ferrero (2013) verificaram no contexto escolar a reação de alunos sem deficiência frente aos que possuíam alguma deficiência. Encontram relação entre ansiedade intergrupos, dominância social e atitudes negativas, o que foi explicado pela dinâmica grupal da exclusão e conflitos em relação a benefícios. Barg, Armstrong, Hetz e Latimer (2010) observaram que, crianças com deficiência física que realizam mais atividades são percebidas de forma menos negativa em comparação às menos ativas, sendo discutido que isso as aproxima das sem deficiência.

Em uma pesquisa com mulheres grávidas com deficiência física a respeito das reações públicas das pessoas, Iezzoni, Wint, Smeltzer e Ecker (2015) registraram falas como "você foi estuprada?" e "você está realmente grávida ou isso é parte da sua deficiência?", assim como outras de caráter hostil, como "você é uma perda para a sociedade, como pode ter um bebê desse jeito?". Por fim, Vilchinsky, Werner e Findler (2010) compararam a reação de homens e mulheres frente a cadeirantes. Encontram que homens e mulheres mostraram pensamentos positivos, mas emoções negativas em relação às pessoas com deficiência e não foram verificadas diferenças quanto ao sexo, o que foi atribuído ao caráter "assexuado" pressuposto para estas.

Os dados indicam que existe de fato algo que se presentifica e afeta a relação com as pessoas com deficiência física. Isso se agrava quando a pessoa em questão é um filho. Há todo um campo de pesquisas sobre a parentalidade de bebês com deficiência física por conta das reações observadas nesses pais. A maior parte desses trabalhos utiliza entrevistas. Nos casos em que a deficiência não é claramente visível, os artigos apontam a dificuldade em perceber algo de diferente na criança, dada à falta de informação e experiência sobre os diferentes quadros ou mesmo sobre o que é esperado para cada faixa etária – situação que pode, inclusive, levar a uma demora em procurar tratamento e que pode comprometer aspectos do desenvolvimento. Dessa forma, o impacto ocorre quando, por alguma razão, os pais procuram um profissional e um diagnóstico é dado. Já nos casos em que a deficiência é visível, o impacto pode ocorrer desde o pré-natal até o momento do nascimento. Quando detectado prematuramente, o tempo transcorrido permite uma adaptação/elaboração e menores são as reações no momento do nascimento (Barnett et al., 2003; Guillamón et al., 2013; Pereira & Kohlsdorf, 2014; Krstic, Mihic & Mihic, 2015).

Desafios futuros

Foi na Copa Mundial de Futebol de 2014 que o chute de abertura foi dado por Juliano Pinto.[4] O jovem de 29 anos, com um quadro de paraplegia, utilizava o exoesqueleto desenvolvido pela equipe coordenada pelo neurocientista brasileiro Miguel Nicolelis. Em entrevista concedida em 20 de novembro do ano seguinte, intitulada "Estamos muito perto de fazer paraplégicos voltarem a andar" (Pavarin, 2015), Nicolelis afirmou:

> *Essa é uma das grandes descobertas que tivemos no projeto. O senso de ser. Modificamos o senso de ser e reintroduzimos o conceito*

4 Ainda que um ato simbólico e de impacto mundial, a FIFA dedicou apenas dezesseis segundos ao experimento. Desses, apenas sete foram televisionados na ocasião.

> *de ter pernas. Quando começamos, pedíamos aos pacientes paraplégicos para que eles pensassem em andar e registrávamos a atividade cerebral. Não acontecia nada. Não tinha nenhuma modulação da atividade cerebral. Quando pedíamos para eles mexerem as mãos, só pensar, sem mexer, víamos que o cérebro estava realizando uma operação interna para imaginar e gerar o movimento. Foram precisos muitos meses para que víssemos uma modulação no cérebro dos pacientes quando pedíamos para imaginarem o movimento das pernas. Então reintroduzimos esse conceito dentro do cérebro, o que ninguém tinha documentado ainda. (s.p.)*

Estudos de seu laboratório deixam mais evidente essa proposta. Em Ifft e colaboradores (2013), indica-se que as pesquisas atuais enfatizam as áreas cerebrais responsáveis pelo esquema corporal, que, sendo parte do sistema nervoso, está suscetível à plasticidade, assim como à incorporação de ferramentas artificiais. Em estudos preliminares com macacos, um dos braços do participante era tocado enquanto uma imagem virtual de um braço sendo estimulado era projetada nos olhos dos animais por meio de óculos de realidade virtual. Medindo a atividade cerebral, encontra-se que, em questão de minutos, as áreas motoras e somatossensoriais passaram a responder simplesmente ao estímulo virtual, concluindo-se que os macacos podem integrar o esquema do *avatar* virtual ao de seus corpos. Transpondo o experimento para humanos, os resultados foram semelhantes.

Shokur e colaboradores (2016) detalham o experimento com pessoas com deficiência física adquirida. No protocolo, os participantes eram içados e colocados sobre esteiras, e simulações de marcha em diferentes texturas, como grama e areia, eram realizadas. Durante o experimento, as sensações (bastante realísticas) evocaram lembranças como "Estou andando feliz, pois estou andando na praia" (p. 10). Nesse experimento, os participantes podiam se ver andando enquanto de fato realizavam o movimento, e a identificação era tal que podia desencadear sentimentos particulares. Nesse conjunto, os pesquisadores puderam atuar no sistema nervoso, provocando alterações mesmo onde havia uma lesão.

Por fim, em Donati e colaboradores (2016), é relatado um protocolo com oito pessoas com lesão medular completa e incompleta que, após doze meses de experimento, obtiveram recuperação parcial das sensações (exceto de temperatura) e controle motor voluntário das partes prejudicadas, sendo o primeiro estudo a apresentar dados consistentes nesse campo. Desses resultados, vale destacar que a representação do membro paralisado, inicialmente, apresentava quatro componentes nas áreas motoras e somatossensoriais. Ao final, encontravam-se doze, demonstrando uma maior atividade nessas áreas e, consequentemente, uma representação mais complexa da parte do corpo em foco. Os autores concluem, assim, que a interface cérebro-máquina é capaz de mudar a representação do corpo ou mesmo reativar representações de membros paralisados.

Os avanços são notáveis, e a pertinência dos aspectos pessoais para seu êxito é irrefutável. Isso convoca a psicologia a se posicionar de uma maneira particular tanto no campo clínico quanto científico, reconhecendo suas contribuições para a motricidade e integrando esses saberes aos seus para uma ação efetiva na deficiência física. Modelos de conhecimento que reconhecem a relação entre a deficiência física e a personalidade, mas que ignoram seu componente fisiológico (como sensações táteis e de dor) também são fragmentados e afastam a psicologia das demais áreas envolvidas.

Considerações finais

Os estudos da psicologia sobre a deficiência física são variados, mas possuem um perfil característico. A influência de Beatrice Wright parece repercutir até o momento atual na definição desse perfil. Nota-se que os temas por ela levantados ainda não foram satisfatoriamente compreendidos e ainda há muito a se pesquisar. Observa-se, porém, a notável queda no número de publicações sobre o tema nas últimas décadas, o que pode dar a falsa sensação de saturação do campo ou de relações causais claras já estabelecidas. Espero que este panorama da área tenha mostrado o oposto e encoraje o desenvolvimento de novos estudos.

Referências

Amaral, L. A. (1995). A corça cerinita. Impacto familiar: o reinado da ambivalência. In L. A. Amaral, *Conhecendo a deficiência (em companhia de Hércules)* (pp. 71-82). Robe Editorial.

Barg, C. J., Armstrong, B. D., Hetz, S. P., & Latimer, A. E. (2010). Physical disability, stigma, and physical activity in children. *International Journal of Disability, Development and Education, 57*(4), 371-382. http://doi.org/10.1080/1034912X.2010.524417

Barnett, D., Clements, M., Kaplan-Estrin, M., & Fialka, J. (2003). Building new dreams: supporting parents' adaptation to their child with special needs. *Infants and Young Children, 16*(3), 184-200.

Battikha, E. C., Faria, M. C. C. & Kopelman, B. I. (2007). As representações maternas acerca do bebê que nasce com doenças orgânicas graves. *Psicologia: Teoria e Pesquisa, 23*(1), 17-24. http://doi.org/10.1590/S0102-37722007000100003

Botero Soto, P. A. & Pérez, C. B. (2015). Diseño y validación de un cuestionario de imagen corporal para personas en situación de discapacidad física. *Revista Colombiana de Psicología, 24*(1), 219-233. http://doi.org/10.15446/rcp.v24n1.45644

Brauer, J. F. (1998). O sujeito e a deficiência. *Estilos da Clínica, 3*(5), 56-62.

Breakey, J. W. (1997). Body image: the inner mirror. *Journal of Prosthetics and Orthotics, 9*(3), 107-112. http://doi.org/10.1097/00008526-199700930-00004

Bustillos, A., & Silvan-Ferrero, M. D. (2013). Attitudes toward peers with physical disabilities at high school: applying the integrated threat theory. *Rehabilitation Counseling Bulletin*, 56(2). http://doi.org/108-119.10.1177/0034355212451145

Campos, M. T., Avoglia, H. R. C., & Custódio, E. M. (2007). A imagem corporal de indivíduos com paraplegia não congênita: um estudo exploratório. *Psicólogo inFormação, 11*(11), 27-55. http://doi.org/10.15603/2176-0969/pi.v11n11p27-55

Donati, A. R. C., Shokur, S., Morya, E., Campos, D. S. F., Moioli, R. C., Gitti, C. M., Augusto, P. B., Tripodi, S., Pires, C. G., Pereira, G. A., Brasil, F. L., Gallo, S., Lin, A. A., Takigami, A. K., Aratanha, M. A., Joshi, S., Bleuler, H., Cheng, G., Rudolph, A., & Nicolelis, M. A. L. (2016). Long-term training with a brain-machine interface-based gait protocol induces partial neurological recovery in paraplegic patients. *Scientific Reports, 6*, 30383. http://doi.org/10.1038/srep30383

Dunn, D. S., & Elliott, T. R. (2005). Revisiting a constructive classic: Wright's physical disability: a psychosocial approach. *Rehabilitation Psychology, 50*(2), 183.

Freud, S. (1913/1996). Totem e tabu. In S. Freud, *Edição standard brasileira das obras psicológicas completas de Sigmund Freud* (Vol. XIII, pp. 17-167). Imago.

Freud, S. (1914/1996). Sobre o narcisismo: uma introdução. In S. Freud, *Edição standard brasileira das obras psicológicas completas de Sigmund Freud* (Vol. XIV, pp. 81-108). Imago.

Freud, S. (1920/1996). Além do princípio de prazer. In S. Freud, *Edição standard brasileira das obras psicológicas completas de Sigmund Freud* (Vol. XVIII, pp. 17-7). Imago.

Freud, S. (1932/1996). Conferência XXXI: a dissecção da personalidade psíquica. In S. Freud, *Edição standard brasileira das obras psicológicas completas de Sigmund Freud* (Vol. XXII, pp. 63-84). Imago.

Gascón, M. R. P., Santos, R. F., Capitão, C. G., Fantine-Nogueira, M. C., & Oliveira, A. C. P. (2013). Um corpo que perde o sentido: uma leitura psicanalítica dos pacientes com paraparesia espástica tropical. *Revista da Sociedade Brasileira de Psicologia Hospitalar, 16*(1), 33-48.

Guenther, V., Locher, E., Falkenbach, A., Gutweniger, S., Kopp, M., Pfaffenberger, N., Stuertz, K., & Mur, E. (2010). Body image in patients with ankylosing spondylitis. *Clinical and Experimental Rheumatology, 28*(3), 341-347.

Guillamón, N., Nieto, R., Pousada, M., Redolar, D., Muñoz, E., Hernández, E., Boixadós, M., & Gómez-Zúñiga, B. (2013). Quality of life and mental health among parents of children with cerebral palsy: The influence of self-efficacy and coping strategies. *Journal of Clinical Nursing, 22*(11-12), 1579-1590. http://doi.org/10.1111/jocn.12124

Hammar, G. R., Ozolins, A., Idvall, E. & Rudebeck, C. E. (2009). Body image in adolescents with cerebral palsy. *Journal of Child Health Care, 13*(1), 19-29. http://doi.org/10.1177/1367493508098378

Howes, H., Edwards, S., & Benton, D. (2005). Male body image following acquired brain injury. *Brain Injury, 19*(2), 135-147. http://doi.org/10.1080/02699050410001720077

Iezzoni, L. I., Wint, A. J., Smeltzer, S. C., & Ecker, J. L. (2015). "How did that happen?" public responses to women with mobility disability during pregnancy. *Disability and Health Journal, 8*(3), 380-387. http://doi.org/10.1016/j.dhjo.2015.02.002

Ifft, P. J., Shokur, S., Li, Z., Lebedev, M. A., & Nicolelis, M. A. (2013). A brain-machine interface enables bimanual arm movements in monkeys. *Science Translational Medicine, 5*(210), 210ra154. http://doi.org/10.1126/scitranslmed.3006159

IBGE (Instituto Brasileiro de Geografia e Estatística) (2010). *Censo demográfico 2010: Amostra – Pessoas com deficiência.* https://cidades.ibge.gov.br/brasil/pesquisa/23/23612

Jucá, C. E. B., Neto, A. L., Oliveira, R. S., & Machado, H. R. (2002). Tratamento de hidrocefalia com derivação ventrículo-peritoneal: análise de 150 casos consecutivos no Hospital das Clínicas de Ribeirão Preto. *Acta Cirúrgica Brasileira, 17*(Suplemento 3), 59-63.

Krstic, T., Mihic, L., & Mihic, I. (2015). Stress and resolution in mothers of children with cerebral palsy. *Research in Developmental Disabilities, 47*, 135-143. http://doi.org/10.1016/j.ridd.2015.09.009

Lawlor, M. C., & Elliot, M. L. (2012). Physical disability and body image in children. In T. F. Cash (Ed.), *Encyclopedia of body image and human appearance* (Vol. 2, pp. 650-656). Elsevier. http://doi.org/10.1016/B978-0-12-384925-0.00102-4

Levin, E. (2001). *A função do filho: espelhos e labirintos da infância.* Vozes.

Macedo, P. C. M. (2008). Deficiência física congênita e Saúde Mental. *Revista da Revista da Sociedade Brasileira de Psicologia Hospitalar, 11*(2), 127-139.

Moin, V., Duvdevany, I., & Mazor, D. (2011). Sexual identity, body image and life satisfaction among women with and without physical disability. *Journal of Sexual Medicine, 8*, 290-290.

Pavarin, G. (2015, 20 nov.). "Estamos muito perto de fazer paraplégicos voltarem a andar". *Folha.com.* http://www1.folha.uol.com.br/vice/2015/08/1669976-estamos-muito-perto-de-fazer-paraplegicos-voltarem-a-andar.shtml.

Pelchat, D., Levert, M.-J., & Bourgeois-Guérin, V. (2009). How do mothers and fathers who have a child with a disability describe their adaptation/transformation process? *Journal of Child Health Care, 13*(3), 239-259. http://doi.org/10.1177/1367493509336684

Pereira, L. M., & Kohlsdorf, M. (2014). Ansiedade, depressão e qualidade de vida de pais no tratamento da paralisia cerebral infantil. *Interação em Psicologia, 18*(1), 37-46.

Pérez Turpin, J. A., & Suárez Llorca, C. (2007, jan.). Los niños discapacitados motrices: estudio de los dibujos infantiles como instrumento de evaluación en el área de educación física. *Journal of Human Sport and Exercise, 2*(1).

Rosenbaum, P., Paneth, N., Leviton, A., Goldstein, M., Bax, M., Damiano, D., Dan, B., & Jacobsson, B. (2007). A report: the definition and classification of cerebral palsy. *Developmental Medicine and Child Neurology, 109*(Supplement), 8-14.

Salge, A. K. M., Castral, T. C., Sousa, M. C. D., Souza, R. R. G., Minamisava, R., & Souza, S. M. B. D. (2016). Infecção pelo vírus Zika na gestação e microcefalia em recém-nascidos: revisão integrativa de literatura. *Revista Eletrônica de Enfermagem, 18*(e1137), 1-15. http://doi.org/0.5216/ree.v18.39888

Shields, N., Murdoch, A., Loy, Y., Dodd, K. J., & Taylor, N. F. (2006). A systematic review of the self-concept of children with cerebral palsy compared with children without disability. *Developmental Medicine and Child Neurology, 48*(2), 151-157. http://doi.org/10.1017/s0012162206000326

Shokur, S., Gallo, S., Moioli, R. C., Donati, A. R. C., Morya, E., Bleuler, H., & Nicolelis, M. A. L. (2016). Assimilation of virtual legs and perception of floor texture by complete paraplegic patients receiving artificial tactile feedback. *Scientific Reports, 6*, 32293. http://doi.org/10.1038/srep32293

Sit, C. H. P., Lau, C. H. L., & Vertinsky, P. (2009). Physical activity and self--perceptions among Hong Kong Chinese with an acquired physical disability. *Adapted Physical Activity Quarterly, 26*(4), 321-335.

Suc, N., Lesnik, B., & Erpic, S. C. (2015). Differences in self-concept among persons with disabilities due to practicing adaptive alpine skiing. *Kinesiologia Slovenica, 21*(3), 34-42.

Svartman, C., Fucs, P. M., Kertzman, P. F., Kampe, P. A., & Rosseti, F. (1995). Artrogripose múltipla congênita: revisão de 56 pacientes. *Revista Brasileira de Ortopedia, 30*(1/2), 45-52.

Sweeney, K. K., Horne, S. G., & Ketz, K. (2015). Sexual orientation, body image, and age as predictors of sexual self-schema for women with physical disabilities. *Sexuality and Disability, 33*(3), 313-326. http://doi.org/10.1007/s11195-015-9399-3

Taleporos, G., & McCabe, M. P. (2002). Body image and physical disability: personal perspectives. *Social Science & Medicine, 54*(6), 971-980. http://doi.org/10.1016/s0277-9536(01)00069-7

Tam, S. F., Chan, M. H., Lam, H. W., & Lam, L. H. (2003). Comparing the self-concepts of Hong Kong Chinese adults with visible and not visible physical disability. *Journal of Psychology, 137*(4), 363-372.

Vilchinsky, N., Werner, S., & Findler, L. (2010). Gender and attitudes toward people using wheelchairs: a multidimensional perspective. *Rehabilitation Counseling Bulletin, 53*(3), 163-174. http://doi.org/10.1177/0034355209361207

Wagner, L. (2021). Disabled people in the world in 2021: facts and figures. *Inclusive City Maker*. https://www.inclusivecitymaker.com/disabled-people-in-the-world-in-2021-facts-and-figures/

Wright, B. A. (1960). *Physical disability: a psychological approach.* Harper & Row.

Wright, B. A. (1983). *Physical disability: a psychosocial approach* (2a ed.). Harper & Row.

4. Deficiência visual

Maria Lucia Toledo Moraes Amiralian

Ainda na faculdade, fui convidada por um professor para estagiar na Fundação para o Livro do Cego no Brasil (hoje Fundação Dorina Nowill). Ao conhecer pessoas cegas ou com baixa visão, me impressionou a diferença entre a imagem que eu tinha sobre elas e o que percebi ao conhecê-las. Permaneci nessa instituição por um longo tempo e ao sair para continuar minha vida acadêmica, esse interesse permaneceu. Por esse motivo, dediquei minha dissertação de mestrado e tese de doutorado a questões relacionadas a esse tema. Quando fui convidada para escrever sobre deficiência visual, pensei que gostaria de rememorar meu trajeto profissional e revivê-lo, além de conhecer as últimas atividades desenvolvidas para atender a essa população.

Este texto resulta do conhecimento que apreendi da experiência de profissionais de diferentes universidades brasileiras que relataram e publicaram seus trabalhos, da minha experiência anterior com trabalhos e pesquisas com esse grupo de pessoas e da conversa com profissionais que trabalham com pessoas com deficiência visual em instituições especializadas da cidade de São Paulo.

Considero que os aspectos importantes para a compreensão da deficiência visual em uma perspectiva contemporânea são: sabermos quem são hoje consideradas pessoas que apresentam deficiência visual, quais as suas principais perdas e dificuldades, quais os recursos usados para supri-las e, talvez o mais importante, como compreender os aspectos afetivos emocionais desencadeados por suas perdas e dificuldades e o que é feito para superá-las.

Introdução

A trajetória das pessoas com deficiência visual é longa e ambígua: desde a Antiguidade vemos a história de Édipo, que se cegou como castigo, assim como a de Tirésias, outro personagem mítico grego, que, após ter a visão destruída pelos deuses, é recompensado com o dom da profecia. Entretanto, foi somente no início do século XX que teve início uma lenta caminhada para a aceitação e integração social das pessoas com deficiência visual.

Quando falamos em deficiência visual, tanto hoje como no início do século XX, pensamos em uma situação trágica, uma perda incomparável que não queremos nem imaginar que um dia possa nos ocorrer. Contudo, alguns aspectos importantes devem ser salientados: a) devemos nos lembrar daquelas pessoas com cegueira ou baixa visão que se apresentam como profissionais altamente qualificados em diferentes áreas do conhecimento; e b) é também importante não nos esquecermos de que a educação e a reabilitação de pessoas com deficiência visual não têm como objetivo principal o treino ou melhoria do sentido perdido, mas propõem-se ao aprimoramento de outros sentidos e de outras habilidades, a fim de tornar essas pessoas aptas à apreensão e domínio do ambiente. O treinamento da visão é uma atividade entre outras, sendo um dos aspectos mais importantes o desenvolvimento do uso da palavra e da linguagem, como tão bem enfatiza a teoria sociocultural.

O trabalho com pessoas com deficiência visual parte do pressuposto de que desenvolver os outros sentidos e oferecer conhecimento pelo uso da linguagem significativa possibilitam ao ser humano suprir a falta da visão no conhecimento e domínio do seu ambiente.

Considera-se, de modo geral, que o ser humano possui sete sentidos principais: os cinco sentidos clássicos – visão, audição, tato, olfato, gustação – e mais dois sentidos importantes para o movimento, o sentido vestibular e o proprioceptivo. Os sentidos do corpo humano têm por função transformar os estímulos do ambiente em impulsos que, ao serem transmitidos ao sistema nervoso central, se traduzem em impulsos que levam o organismo a uma reação, tornando-o capaz de perceber e conhecer o que ocorre ao seu redor.

Entretanto, cada um dos sentidos reage ao meio de forma diferente. Dizendo de outra forma, cada um dos sentidos possibilita ao indivíduo diferentes maneiras de conhecer o mundo à sua volta e diferentes formas de entrar em contato com ele. Temos dois tipos de sentidos: aqueles que são estimulados a distância e aqueles que precisam do contato direto com o objeto a ser apreendido para responder ao estímulo emitido. Os sentidos que permitem estimulação a distância são a visão e a audição, e os que necessitam de contato direto são o tato, o olfato e a gustação. Os sentidos vestibular e proprioceptivo não cabem nessa classificação por serem sentidos cuja função é transmitir informações que determinam as diferentes reações do corpo e permitem ao indivíduo mover-se com segurança e equilíbrio.

Compreender a especificidade de cada um dos sentidos mostra a importância de cada um e salienta a necessidade da visão, principalmente nos dias de hoje, quando o mundo se tornou extremamente visual. O sistema auditivo reconhece os sons emitidos pelo ambiente; por meio dele, podemos entender, respeitar, obedecer e aprender. É, principalmente, um sentido fundamental para o desenvolvimento da fala e da linguagem. O sistema tátil é responsável pelas sensações de temperatura, dor, pressão, forma e tamanho e é de grande importância na detecção de perigo. Os sistemas olfativo e gustativo são tão entrelaçados que a captação de gosto e odores, às vezes, se misturam, o que nos permite reconhecer alimentos colocados sobre a língua.

Já o sentido visual detecta e interpreta imagens e luz para que o cérebro analise e interprete as informações e as forneça aos outros sentidos. Por meio da visão aprendemos sobre o mundo, sobre como modular movimentos e como ajustar o corpo e a postura. É fundamental para a aprendizagem na escola e no trabalho. Na sua ausência, precisa ser suprido pelo treinamento eficiente dos outros sentidos.

Na limitação ou ausência de um dos sentidos, as intervenções normalmente utilizadas são os exercícios e o treino para melhorar as atividades realizadas pelo sentido perdido. No caso da visão, essa torna-se uma ação secundária, sendo mais importante desenvolver e treinar os outros sentidos, além das técnicas e o aprimoramento de uma linguagem significativa para suprir a ausência da visão e sanar suas limitações. Condição que, além de mostrar a versatilidade e a riqueza do ser humano, nos alerta para o pouco uso e pouco desenvolvimento de todas as nossas potencialidades.

Outra condição de fundamental importância é o momento em que vivemos. Hoje as condições sociais, culturais, climáticas e, principalmente, as do conhecimento são muito diversas das de quinze ou vinte anos atrás, o que tem levado o ser humano a viver muito mais tempo e em melhores condições e qualidade de vida. Há muitas pessoas, hoje, com mais de 90 anos ou se aproximando dos 90 que seguem escrevendo, editando livros e sendo convidadas a dar palestras e a transmitir seus conhecimentos. Por outro lado, sabemos também que a idade é uma condição que tem levado um maior número de pessoas a apresentar deficiências, sendo a visual uma delas. Com o avançar dos anos, os órgãos do ser humano vão perdendo sua eficácia e resistência, tornando a pessoa mais frágil e propensa a apresentar problemas que podem levar a algum déficit permanente.

Pensar na psicologia das pessoas com deficiência visual nos remete a outras questões básicas: como a deficiência visual é hoje compreendida? Quais as consequências que ela acarreta no mundo de hoje? Quais as intervenções necessárias e mais utilizadas para melhor as atender? Ocorreram mudanças em seu conceito? Quais as dificuldades psicológicas ou sociais mais observadas? Quais os instrumentos e tecnologias foram desenvolvidos? Ou seja, quem são, hoje, as pessoas que devem ser classificadas como deficientes visuais e como são compreendidas suas perdas. É importante nos inteirarmos dos progressos e/ou mudanças que podem ter ocorrido em seus atendimentos e dos recursos tecnológicos que foram desenvolvidos para suprir suas dificuldades nesses anos de tanto avanço nessa área.

Quem são as pessoas com deficiência visual?

A deficiência visual é um conceito qualitativo e amplo. É definida como a perda total ou parcial da visão, congênita ou adquirida. O grau de visão, ou seja, o que uma pessoa consegue distinguir e realizar utilizando sua visão, é muito variado, constituindo dois grupos: os cegos e os de baixa visão. Pessoas cegas são aquelas com perda total da visão ou percepção de luz e sombra, insuficientes para a utilização eficaz nas tarefas da vida diária. Pessoas com baixa visão são aquelas que, embora com visão limitada, podem utilizá-la para a realização de algumas tarefas.

Comparando a definição atual com a anterior, observa-se que o conceito de visão pouco mudou, ou seja, é sempre definido a partir da condição orgânica, isto é, a que distância a pessoa precisa estar para distinguir com eficácia o ambiente. Trata-se de um conceito dado pela visão médica, cuja principal referência foi aprovada pela Organização Mundial da Saúde (OMS) em 1972. Esse conceito dizia que cegos são aqueles que apresentam perda visual, congênita ou adquirida, de 0 a 20/200 (enxergam a 20 pés de distância o que as pessoas com visão comum enxergam a 200 pés) no melhor olho após correção máxima ou que tenham um ângulo visual restrito a 20 graus. Já pessoas com visão residual são aquelas que apresentam acuidade de 20/200 a 20/70, no melhor olho após correção máxima (Amiralian, 1997a).

Posteriormente, temos o Decreto n. 5.296 de 2004, que definiu a pessoa com baixa visão como aquela que possui acuidade visual, do melhor olho, com a melhor correção óptica, entre 0,3 (20/60) a 0,05 (20/400) e/ou os casos em que a medida do campo visual em ambos os olhos for igual ou menor que 20º. Ainda segundo esse decreto, é considerada cega a pessoa que apresenta acuidade visual igual ou menor a 0,05 (20/400) no melhor olho, com a melhor correção óptica. As pessoas cegas podem possuir resíduo visual, como percepção de luz, de sombra e de vultos, mas insuficiente para a realização de tarefas cotidianas.

A baixa visão pode ser subdividida em moderada, grave e profunda. Na moderada, o indivíduo apresenta acuidade visual entre 20/60 (0,3) e >20/200 (0,1); na grave, entre 20/200 (0,1) e >20/400 (0,05); e na profunda, entre 20/400 (0,05) e >20/1200 (0,01) no melhor olho com a melhor correção (Gasparetto, 2012). Nessa mesma classificação, a cegueira é subdividida em: próximo à cegueira, com acuidade visual entre 20/1200 (0,02) e 20/2500 (0,008), e cegueira total, na qual o indivíduo não possui percepção luminosa. Segundo a OMS (2022), há atualmente 2.2 bilhões de pessoas com deficiência visual, de modo que pelo menos 1 bilhão dos casos o prejuízo poderia ter prevenido.

Esse conceito é mais explícito quanto às medidas de visão graças à evolução da ciência médica, capaz de perceber melhor as diferenças na percepção do ambiente, e da tecnologia, que construiu instrumentos capazes de auferir com segurança pequenas diferenças perceptivas.

Outro aspecto é a proposta de definição sugerida pela Secretaria de Atenção à Saúde, do Ministério da Saúde, que, em colaboração com especialistas da área da visão, nos diz que a deficiência visual é uma limitação que a pessoa com doença ocular enfrenta na sua interação com seu meio físico, social e comportamental. Um conceito qualitativo e que chama a atenção para as condições sociais e comportamentais. Assim, embora o conceito de deficiência visual tenha se enriquecido com pequenas modificações, deixando de ser apenas uma medida da acuidade e do campo visual para focar os aspectos qualitativos e funcionais da visão, isso não provocou mudanças substanciais no entendimento de quem são as pessoas com deficiência visual. Muitos aspectos permanecem muito semelhantes, se não iguais.

Um indivíduo com deficiência visual apresenta desde uma ausência total de visão até a percepção do ambiente em diferentes graus e condições de apreensão do que está à sua volta, além de restrição do campo visual a menos de 20º, "visão de túnel", que impede a visão lateral e dificulta que ele se localize no espaço, se locomova e se movimente eficientemente.

Outro conceito utilizado é o pedagógico, que se baseia na utilização possível do resíduo visual para as diferentes situações em sala de aula. São cegos aqueles que necessitam do braile para a aprendizagem da leitura e escrita e com baixa visão aqueles que usam letras aumentadas ou outros recursos em seu processo de aprendizagem. O importante a salientar é que há diferentes tipos de perda visual, diferentes momentos em que ela pode ocorrer e diferentes condições de déficit da visão.

Quais são os tipos de perda visual?

A deficiência visual pode ser congênita ou adquirida. A perda congênita é a que ocorre desde o nascimento ou nos primeiros dias de vida, e a adquirida, a que acontece após os primeiros anos em qualquer momento da vida: infância, adolescência, idade adulta ou velhice. Pode acontecer por questões genéticas, por diferentes doenças ou acidentes. Hoje, as grandes causas para a perda da visão parecem ser as provenientes de acidentes ou doenças decorrentes da idade.

Uma questão frequentemente levantada é: que tipo de cegueira, a congênita ou a adquirida, é mais prejudicial ao sujeito? Sobre essa questão, os autores divergem: alguns consideram a perda congênita mais prejudicial; outros, a perda adquirida. O ponto central dessa diferenciação é o recurso de visualização utilizado no atendimento aos sujeitos com cegueira adquirida, ao contrário do processo de reorganização perceptiva exigida para aqueles com cegueira congênita. Entretanto, mais importante do que identificar a mais prejudicial é saber as dificuldades causadas por cada uma.

O sentido visual tem como função principal detectar e interpretar as imagens e a luz. É um sentido primordial, porque fornece a estrutura básica para os outros sentidos. A imagem é o cerne da compreensão e do conhecimento dos objetos e do mundo em geral. Além disso, a visão é fundamental junto aos sentidos vestibular e proprioceptivo, importantes para o movimento e a percepção do lugar do corpo no espaço. A perda congênita traz grande dificuldade na formação de imagens e do conhecimento de sua própria localização no mundo, além dos problemas na movimentação. O bebê se movimenta em busca daquilo que ele vê; na ausência da visão, há uma tendência à imobilidade, o que prejudica a formação de imagens. Vale assinalar que as imagens formadas a partir do sentido tátil e do movimento diferem das imagens adquiridas pelo sentido visual, o que se reflete na própria linguagem das pessoas com cegueira congênita e traz como consequência o verbalismo (uso de palavras apreendidas pela audição sem a compreensão exata do seu significado) e dificuldades na interação com o outro.

Além disso, outra grande dificuldade ocorre em sua capacidade de locomoção, devido à restrição no domínio do ambiente desde os primeiros anos de vida, quando a cegueira impede que as crianças sejam estimuladas por suas mães a procurar objetos, além de não serem incentivadas a se movimentar. Isso traz como consequência dificuldades na locomoção, na relação com o outro e na interação social.

Em relação às dificuldades causadas pela perda adquirida, devemos lembrar do trauma produzido por perdas, inexistente na cegueira congênita. Muitos autores consideram essa como uma das condições mais prejudiciais para a adaptação do sujeito à sua nova situação de vida. Perder a visão pode trazer mudanças na capacidade de realização do indivíduo, tanto em sua vida pessoal como na profissional, e pode ser considerado um processo semelhante à perda por morte, descrita por por Kovacs (1997). Para essa autora, uma perda adquirida é sentida por alguns como uma morte em vida.

No caso de perda, as reações comuns são: dor, incerteza, isolamento e dependência, condições que atingem todas as pessoas ao seu redor, como família, amigos, colegas e vizinhos. Pode ocorrer, também, uma recusa à competição ou a preocupação de se comparar aos outros. Há repressão da agressividade, sentimento de não ser querido e aceito pelos outros, pensamento mágico e inveja. Outras sensações podem ocorrer: a perda do corpo imaginado, a perda do espaço social conhecido e a perda da valorização pelos outros, que traz como consequência a necessidade de ressignificar e reestruturar sua identidade. Além dessas, pode-se acrescentar a constante questão: por que comigo?

A importância dessas colocações é compreender como o cego vivencia sua cegueira. O mundo dos videntes é perturbador para ele e, quando há comparações, elas o levam à desqualificação própria, ao isolamento, à solidão e à inveja. Não podemos nos esquecer do medo ao desconhecido, do medo pelos tratamentos que se tornam necessários e também pela incerteza do que pode lhe ocorrer no futuro.

É bom ressaltar que nem todas as pessoas passarão por todas essas dificuldades. Elas são, antes, um guia para o profissional perceber os diferentes sentimentos que podem acometer quem perde a visão, e também os diferentes momentos em que uma pessoa que adquiriu a deficiência pode se encontrar.

Quais são as intervenções necessárias aos deficientes visuais?

Ao pensarmos nas diferentes intervenções necessárias ao atendimento das pessoas com deficiência visual para que possam se adaptar a essa situação de vida, precisamos nos referir aos processos utilizados e aos recursos educacionais e tecnológicos que se aplicam a essa população, além das condições sociais, psíquicas e emocionais que as afetam. É importante lembrar as diferenças que ocorrem nas pessoas durante seu processo de desenvolvimento, e que as levam a diferentes necessidades durante sua vida.

Observando o que ocorre atualmente, nota-se que algumas condições não se modificaram, enquanto as sociais, as psicológicas, as pedagógicas e, principalmente, os recursos tecnológicos, amplamente influenciados pelo ambiente em que vivemos, sofreram intensas modificações. Outro aspecto importante, e com grandes modificações nos últimos anos, foi a longevidade das pessoas, que, como já assinalado, é uma condição importante para a aquisição de deficiências. Os idosos são uma população diferente, a qual pede diferentes cuidados e atenções específicas.

A perda visual faz o indivíduo se deparar com uma nova realidade e precisar desenvolver mecanismos e recursos para adaptar-se a ela. Necessita conhecer estratégias, recursos e equipamentos que possam facilitar seu desempenho, seu novo modo de realizar as atividades da vida diária, de movimentar-se em um ambiente pouco conhecido e de inteirar-se do que acontece no mundo em geral para se apoderar da cultura vigente sem as facilidades oferecidas pela visão.

As intervenções realizadas ajudam a construir estratégias para reduzir condições desfavoráveis e aumentar as possibilidades de adaptação à sua situação de vida. Uma condição importante que não pode ser esquecida, embora seja importante para todos, é o desenvolvimento da tolerância a eventos negativos, de modo a amenizar situações estressantes que possam lhe ocorrer.

Em termos amplos podemos dizer que há dois processos básicos e complementares para o atendimento das pessoas com deficiência visual: o processo educacional e a reabilitação. O processo educacional destina-se àqueles com cegueira congênita ou que perderam a visão nos primeiros anos de vida, isto é, às crianças e também às suas famílias, já que quanto mais cedo essa família for atendida e orientada, melhores serão as condições de desenvolvimento de seus filhos.[1] Já o foco da reabilitação são aqueles cuja perda ocorreu em idades posteriores, ou, melhor dizendo, aqueles que já haviam se utilizado

1 O capítulo "O atendimento da família na promoção do desenvolvimento da criança com deficiência" aborda as problemáticas envolvendo a família das pessoas com deficiência.

da percepção visual e, ao fazerem uso desta, construíram uma organização perceptiva visual. No processo de reabilitação, precisam reconsiderar seu modo de conhecer o mundo e construir um novo processo perceptivo com base no tato, na audição e na movimentação, além do uso de recursos que venham a facilitar sua inclusão no mundo social e cultural.

Entretanto, algumas vezes, o cliente que nos procura - um jovem ou um adulto com cegueira congênita - nunca teve qualquer orientação, seja por ausência de recursos em sua cidade ou por desconhecimento da família quanto ao que poderia fazer. Nesses casos, os dois processos devem ser utilizados conjuntamente.

É importante lembrar que, tanto no processo educacional como no de reabilitação, é necessária a colaboração de uma equipe especializada de profissionais: professores, médicos, psicólogos, assistentes sociais, terapeutas educacionais, técnicos de locomoção, fisioterapeutas e fonoaudiólogos que possam atuar com seus conhecimentos para ajudar as pessoas com deficiência visual a se adaptarem à sua situação de vida. O trabalho do psicólogo na equipe multidisciplinar[2] ocorre tanto pelo trabalho direto com as pessoas com deficiência visual (avaliação diagnóstica, orientação, aconselhamento) como com as famílias, professores e outros profissionais que atuam junto a elas. Normalmente o psicólogo coordena grupos de discussão com a equipe e realiza o treinamento do pessoal auxiliar.

O papel da equipe é avaliar as condições pessoais de cada paciente, conhecer as dificuldades e prejuízos causados pela perda visual, além de compreender os aspectos emocionais desencadeados por sua condição e estabelecer um programa de atividades, com vistas a sanar suas limitações e ajudá-los a se reorganizar, a recuperar seu interesse pela vida e a restabelecer seus objetivos.

O atendimento educacional para crianças e jovens com deficiência visual está inserido no programa de educação inclusiva, perspectiva nacional desenvolvida entre os anos de 2001 e 2010 que adotou mudanças conceituais e

---

2 O capítulo "Atendimento a crianças e adolescentes em um centro de reabilitação: entraves e possibilidades" discute mais detalhadamente o trabalho do psicólogo em equipes multidisciplinares.

estruturais para a educação e possibilitou o ingresso de alunos com deficiências, altas habilidades e transtornos globais de desenvolvimento nas escolas e classes comuns. A educação inclusiva é um processo que tem evoluído, mas exige atenção constante, porque, além de colocar a criança na escola e em classes comuns, envolve o engajamento da comunidade escolar. Isso implica não só aceitar esses alunos, mas também tratá-los da mesma maneira que a quaisquer outros, e ao mesmo tempo respeitar e atender às suas especificidades.

Para Camargo (2017), só é possível atender o que é comum e específico para cada aluno quando na educação há lugar central para os conceitos de identidade, diversidade e diferença. Isso nos diz que, se cada indivíduo é único, só o respeito por sua identidade nos permite conhecê-lo e compreender as diferenças que há entre os indivíduos, condição que torna o mundo composto de diferentes gêneros, raças, cores, características físicas, culturas e costumes. São conceitos que enriquecem o mundo e, ao reconhecer as vantagens sociais da diversidade, favorecem o estabelecimento de relações de solidariedade e colaboração.

Em cada uma dessas situações, é preciso pensar em como a pessoa e sua família as enfrentam. O ambiente em que a pessoa se encontra e como este reage à sua condição é fundamental para a aceitação de sua nova realidade pessoal e para o sucesso do seu processo de educação especial e/ou reabilitação.

O que são e quais são os recursos técnicos e tecnológicos?

A criação de recursos técnicos e tecnológicos tem por objetivo potencializar o desempenho das pessoas com deficiência visual. Esse é um processo denominado tecnologia assistiva, um conjunto de serviços e recursos empregados para promover o desenvolvimento de pessoas com dificuldades especiais. Foi instituído pelo Comitê de Ajudas Técnicas (CAT) por meio da Portaria n. 142, de 16 de novembro de 2006.

O Decreto n. 7.612, de 17 de novembro de 2011, criou o Plano Nacional dos Direitos da Pessoa com Deficiência – Plano Viver sem Limite, que garante um sistema educacional inclusivo, a ampliação e qualificação da rede de atenção à saúde das pessoas com deficiência, em especial os serviços de educação, reabilitação e promoção do acesso, do desenvolvimento e da inovação em tecnologia assistiva.

Esses recursos englobam espaço adequado, salas dotadas de recursos multifuncionais, equipamentos específicos, *softwares*, materiais didáticos e pedagógicos e têm por objetivo garantir a acessibilidade das pessoas com deficiência, de modo a garantir a elas igualdade de oportunidades em todas as esferas sociais.

Entre as tecnologias criadas e utilizadas por pessoas com deficiência visual, é importante assinalar o braile, a lupa, o soroban e a bengala longa, os primeiros e fundamentais recursos desenvolvidos para sua aprendizagem e locomoção. Após esses, muitos recursos foram criados e desenvolvidos para facilitar a inclusão dessas pessoas no mundo dos videntes e, principalmente, sua aprendizagem e locomoção.

O desenvolvimento da tecnologia propiciou a criação de programas de computador e *softwares* que ajudam os deficientes visuais a se inteirarem da vida cultural por meio da leitura. O uso da tecnologia facilita a aprendizagem desses indivíduos e seu desenvolvimento, possibilitando a leitura, a escrita e a pesquisa de informações. Os primeiros recursos que permitiram aos cegos o acesso à internet foram os leitores de tela, como o *Dosvox*, o *Virtual Vision* e o *Jaws*. Esses programas permitem a eles ler, escrever textos no computador e navegar na internet. Um software que transcreve textos em braile para a língua portuguesa, o BR Braile, foi desenvolvido no Centro de Engenharia Biomédica (CEB) da Unicamp, uma proposta para facilitar a inclusão do aluno cego em sala de aula (Santos, 2003). Por meio do BR Braille, o professor da classe comum poderá corrigir provas e outras tarefas do aluno com deficiência visual.

Mais recentemente, outros dispositivos de tecnologia assistiva foram criados para ampliar as possibilidades das pessoas cegas ou com baixa visão de se inteirarem do mundo do conhecimento e da cultura, instrumentos que têm por objetivo, além de possibilitar o uso do computador e facilitar sua locomoção independente, oferece maior autonomia a esse grupo de pessoas.

Quais as condições afetivo-emocionais da perda visual?

Falamos das diferenças que podem haver entre aqueles que nascem cegos e aqueles que perdem a visão, mas uma questão permanece: será que há diferenças afetivo-emocionais entre essas condições? Os recursos tecnológicos criados minimizam suas perdas? Pensar especificamente nas questões afetivas emocionais, embora já tenhamos nos referido a elas em outros momentos, é fundamental para compreendermos realmente o que seja uma perda como a da visão.

Pode-se pensar no difícil caminho para o desenvolvimento dos cegos congênitos desde o seu nascimento. Desde os primeiros momentos, a interação entre a mãe e seu bebê cego reveste-se de uma específica complexidade tanto para a mãe como para o bebê. Eles precisam descobrir forças extras para encontrar os caminhos que irão facilitar suas relações e o posterior desenvolvimento da criança.

A adolescência, por outro lado, é um período em que o jovem se vê às voltas com muitos conflitos. Há a necessidade de confronto e rebeldia, de busca de independência e de tentativas de assumir e estabelecer uma identidade, da qual faz parte a própria definição sexual. Há ainda o desenvolvimento físico, que traz o perigo real do instinto agressivo e da violência. Como diz Winnicott (1993), ele agora não só pode expressar-se violentamente, mas também se torna capaz de matar. A angústia desse momento é acrescida pela necessidade de definir uma escolha profissional, que implicará a aceitação de um trabalho cotidiano e de uma responsabilidade social, e, para os cegos, a constante questão: "serei aceito?". Além disso, outra característica da adolescência é o isolamento: os adolescentes não sabem como serão aceitos, o que os faz procurar amigos como eles, o que, no dizer de Winnicott (1990), resulta num "ajuntamento de indivíduos isolados" (p. 118).

É uma fase difícil para todos, mas para os jovens cegos ou com baixa visão essas dificuldades são acrescidas por sua deficiência. Isso pode se tornar uma grande questão nessa etapa de sua vida, não por não poderem ver, mas, principalmente, pelo medo da família quanto ao que pode ocorrer com eles sem sua supervisão. Esses problemas são intensificados pelas atitudes da sociedade, que, na maior parte das vezes, não dá crédito às possibilidades desses jovens. Observa-se, muitas vezes, nesses momentos um cerceamento do desenvolvimento e a infantilização desses jovens.

Uma condição que também precisa ser lembrada é a pertinência do ambiente na formação de cada um de nós. Para Winnicott (1990), o indivíduo é resultado da interação entre as condições genéticas pessoais e o ambiente. Assim, o ser humano é um ser relacional, que, no contato com o outro, se constrói e se modifica durante toda a sua vida. Assim, pode-se dizer que a pessoa com deficiência visual é resultado de uma relação constante entre suas estruturas e funções do corpo, suas condições pessoais e o ambiente, considerado como tudo o que está a sua volta: a família, os grupos sociais, o clima, o país, o momento em que vive, a religião em que é educado, enfim, tudo o que o rodeia. Ter uma deficiência em uma sociedade hierarquizada significa viver em um ambiente que não engloba esse indivíduo, numa sociedade em que ele é sempre alguém periférico.

Winnicott (1990) compreende o desenvolvimento do ser humano como um processo complexo e dinâmico. No começo há um organismo não integrado, vivendo em solidão absoluta, com tendências inatas para continuar a existir, a se integrar e a amadurecer. Há em sua origem um organismo com um potencial herdado e com uma força vital para um *contínuo* vir a ser. Para Winnicott, nada está determinado de antemão; há uma tendência, uma possibilidade virtual. O ser humano constitui-se na interação com o ambiente; é, portanto, um ser de relação, e no contato com o outro se constrói e se modifica durante toda a sua vida. Esse pensamento winnicottiano nos fala da dificuldade em sabermos quais os problemas causados pela perda das pessoas com deficiência visual e quais os que são causados pela reação dos outros à sua deficiência.

Para esse autor, os seres humanos precisam de cuidados, ou seja, de uma provisão ambiental que atenda às suas diferentes necessidades. Cuidado é o termo usado por Winnicott (1990) para definir as condições do ambiente que favorecem um desenvolvimento saudável, o que, segundo ele, ocorre durante toda a vida do indivíduo. É importante considerar como a sociedade em que vivemos compreende, trata, sente e cuida das pessoas com deficiências de um modo geral e, no nosso caso específico, com deficiência visual – condição que influenciará a reação da mãe e de todos os familiares ao tomar conhecimento do diagnóstico de deficiência de um de seus membros.

Outro aspecto a considerar é como são identificados. Frequentemente, são nomeados da seguinte maneira: "Você conhece a Cláudia, aquela moça cega?". Como se essa condição especificasse todas as suas características. Ninguém fala: "Você conhece a Cláudia, aquela moça loira, alegre e brincalhona que tem uma deficiência visual?". Parece que ser deficiente visual é o que caracteriza a pessoa, e suas outras condições pessoais tornam-se secundárias. O que isso nos leva a pensar? Será que estamos evoluindo para uma sociedade mais igualitária? Ou vivemos um momento difícil – o que prefiro acreditar –, em que o regresso a um mundo não inclusivo é necessário para uma posterior evolução e aceitação das diferenças? Em outras palavras, vivemos a expressão de uma sociedade aceita, agora, como estruturalmente preconceituosa, para que depois ela possa verdadeiramente aceitar as diferenças.

Segundo Brumer, Pavei e Mocelin (2004), as pessoas preconceituosas consideram que a não aceitação das pessoas com deficiência visual é uma falta de disposição política, é uma falta de estrutura do Estado, e nunca se debruçam para pensar em suas disposições pessoais. Mas, acredito que uma das razões para o preconceito contra aqueles que têm alguma deficiência ou qualquer outra diferença e sua segregação é que a diferença é sentida como uma ameaça às normas e aos valores estabelecidos.

Outro grande problema é que as pessoas não sabem como se relacionar com o diferente. O contato com essas pessoas é ambíguo e ameaçador, não sabem com tratá-las, e isso é sentido por elas como rejeição. É sobejamente conhecida a anedota do cego que está em uma esquina à espera de um amigo quando, repentinamente, se vê praticamente carregado para o outro lado da rua. Não se pergunta o que ele deseja, as pessoas não falam com ele, talvez pensem que quem não enxerga também não saiba falar, mas, principalmente, ignoram que ele tem vontade própria. Suas relações sociais são carregadas de ansiedade, desconforto e embaraço. O relacionamento pessoal é ambíguo, não sabem como tratá-las, o que é sentido pelas pessoas com deficiência visual como rejeição. O preconceito é gerado pela falta de conhecimento e insegurança das pessoas e é responsável pela marginalização e exclusão em que muitos vivem.

Algumas condições afetivo-emocionais relacionam-se tanto ao fato de não verem quanto à vivência da cegueira como uma condição que coloca esses indivíduos à margem da sociedade, tanto por sua diferença como pelo preconceito e suas fantasias. Há conflitos e sentimentos indesejáveis que resultam de não saberem como relacionar-se com os outros, não saberem qual é seu lugar no mundo e se poderão, algum dia, ser aceitos como são.

Como vemos, a aceitação social é fundamental e prioritária, porque só assim esses indivíduos poderão compreender suas reais necessidades, estabelecer condições para que possamos atendê-las e tornar o ambiente favorecedor ao seu desenvolvimento.

Considerações finais

Creio que, por tudo o que foi dito, embora esta seja apenas uma pequena exposição do que precisamos saber sobre as pessoas com perda visual, tenha ficado claro que uma das questões mais importantes é a atitude e a aceitação da sociedade. É preciso reforçar que as pessoas com deficiência são absolutamente iguais a nós, têm os mesmos direitos e só precisam de orientação e treinamento para situações específicas devido à sua forma diferente de conhecer o mundo ao seu redor.

Referências

Amiralian, M. L. T. M. (1997a). *Compreendendo o cego: uma visão psicanalítica da cegueira por meio dos desenhos histórias.* Casa do Psicólogo.

Amiralian, M. L. T. M. (1997b). O psicólogo e a pessoa com deficiência. In E. Becker et al., *Deficiência: alternativas de intervenção*. Casa do Psicólogo.

Amiralian, M. L. T. M. (2009). Comunicação e participação ativa: a inclusão de pessoas com deficiência visual. In M. L. T. M. Amiralian (Org.), *Deficiência visual: perspectivas da contemporaneidade*. Vetor.

Brasil. (2006). Portaria nº 142, de 16 de novembro de 2006. Diário Oficial da União. Distrito Federal.

Brasil. (2011). Decreto nº 7.612, de 17 de novembro de 2011. Institui o Plano Nacional dos Direitos da Pessoa com Deficiência - Plano Viver sem Limite. Distrito Federal.

Brumer, A., Pavei, K., & Mocelin, D. G. (2004). Saindo da "escuridão": perspectivas da inclusão social, econômica, cultural e política dos portadores de deficiência visual em Porto Alegre. *Sociologias*, 300-327. http://doi.org/10.1590/S1517-45222004000100013

Camargo, E. P. (2017). Inclusão social, educação inclusiva e educação especial: enlaces e desenlaces. *Ciência & Educação, 23*(1). http://doi.org/10.15890/1516-731320170010001

Dourado, J. S., & Carvalho Costa, L. P. (2006). *Perda da visão e enfrentamento: um estudo sobre os aspectos psicológicos da deficiência adquirida* [Trabalho de conclusão do curso, Fundação Baiana para o Desenvolvimento das Ciências].

Gasparetto, M. E. R. F. (s.d.). Perda visual em idosos. *Faculdade de Ciências Médicas*. https://www.fcm.unicamp.br/fcm/auxilios-opticos/perda-visual-em-idosos.

Gasparetto, M. E. R. F., Montilha, R. de C. I., Arruda, S. M. C. de P., Sperque, J., Azevedo, T. L. de, & Nobre, M. I. R. de S. et al. (2012). Utilização de recursos de tecnologia assistiva por escolares com deficiência visual. *Informática na Educação: Teoria & Prática, 15*(2).

Franco, G. (2023). Sistema Braille. *Brasil Escola*. https://brasilescola.uol.com.br/portugues/braile.htm

Haddad M. A. O., Sampaio M. W., & Susanna Jr., R. (2020). Auxílio para a maior resolução visual e funcionalidade. *Reabilitação em oftalmologia* (pp. 123-171). Manole.

Kovács, M. J. (1997). Deficiência adquirida e qualidade de vida – Possibilidades de intervenção psicológica. In E. Becker et al., *Deficiência: alternativas de intervenção*. Casa do Psicólogo.

Mortimer R. C. (2010). *Baixa visão e cegueira: os caminhos para a reabilitação, a educação e a inclusão*. Cultura Médica; Guanabara, Koogan.

Conde, A. J. M. (2012). Deficiência visual: a cegueira e a baixa visão. *Bengala Legal.* http://www.bengalalegal.com/cegueira-e-baixa-visão.

Marketing Martinato. (2018, 28 ago.). 8 tecnologias inovadoras para deficientes visuais. *Martinato.* https://www.martinato.com.br/noticia/tecnologias-inovadoras-para-deficientes-visuais/.

OMS. (Organização Mundial da Saúde) (2022). Blindness and visual impairment. Factsheet. *World Health Organization.* https://www.who.int/news-room/fact-sheets/detail/blindness-and-visual-impairment

Silva, S. C. P. (2013, 17 set.). Deficiência visual o seu conceito sob o ponto de vista médico e pedagógico, e o sistema braile. *Redem.* https://www.redem.org/deficiencia-visual-o-seu-conceito-sob-os-pontos-de-vista-medico-e-pedagogico-e-o-sistema-braile/

Santos, R. do C. (2003, out.). Software transcreve texto em braile. *Jornal da Unicamp, 231*, 4.

Giareta, L. A. S. (2004). *O papel da tecnologia assistiva na inclusão digital dos portadores de deficiência visual.* I Simpósio de Ciências Integradas da Unaerp Campus Guarujá.

São Paulo. (2020, 19 mar.). ONU lançou alerta mundial sobre as pessoas com deficiência e o coronavírus. Secretaria Especial de Comunicação. https://www.capital.sp.gov.br/noticia/onu-lancou-alerta-mundial-sobre-as-pessoas-com-deficiencia-e-o-coronavirus

Torres, J. P., Costa, C. S. L., & Lourenço, G. F. (2016, out.-dez.). Substituição visuo-tátil e visuo-auditiva em pessoas com deficiência visual: uma revisão sistemática. *Revista Brasileira de Educação Especial, 22*(4).

Valentini, C. B., Bisol, C. A., Paim, L. dos S., & Ehlers, A. P. F. (2019). Educação e deficiência visual: uma revisão da literatura. *Revista Educação Especial, 32.* https://periódicos.ufsm.br.educaçãoespecial/article/view/33154/html

Winnicott, D. W. (1990). *Natureza humana* (D. L. Bogomoletz, Trad.). Imago.

Winnicott, D. W. (1961/1993) Adolescência: transpondo a zona das calmarias. In D. W. Winnicott, *A família e o desenvolvimento individual* (p. 247, M. B. Cipolla, Trad.). Martins Fontes.

Xavier, J. (2017). Deficiência visual atinge cerca de 1,4 milhão de crianças no mundo. *Portal Fiocruz.* https://portal.fiocruz.br/noticia/deficiencia-visual-atinge-cerca-de-14-milhao-de-criancas-no-mundo

5. Deficiência auditiva e/ou surdez

Ana Cristina Marzolla

O título deste capítulo já traz uma questão embutida: há um grupo de pessoas que preferem se autodenominar como surdas e outro como deficientes auditivas. Os primeiros consideram a surdez como uma diferença e levam em conta que têm sua própria cultura. De um modo geral, se posicionam contra o uso de implante coclear e fazem uso da Libras,[1] tomada como língua materna. Já o grupo que se denomina como tendo uma deficiência auditiva é constituído por aqueles que fazem bom uso do AASI (aparelho de amplificação sonora individual) ou do IC (implante coclear) e são oralizados.

Explicar essas duas siglas pode ajudar o leitor a entender alguns termos mais específicos da área da audiologia:

- O AASI (aparelho de amplificação sonora individual) tem como função a captação, amplificação e condução dos sons até o meato acústico externo da pessoa com deficiência auditiva (Marzolla, 2012).
- Já o IC (implante coclear) é um equipamento eletrônico computadorizado que substitui a função do ouvido interno de pessoas que têm surdez total ou quase total. Assim, o implante estimula diretamente o nervo auditivo por meio de pequenos eletrodos que são colocados

1 A Língua Brasileira de Sinais foi reconhecida no Brasil em 2002, com a Lei de Libras, n. 10436.

> dentro da cóclea. Esses estímulos são levados via nervo auditivo para o cérebro. O dispositivo é ativado no consultório do(a) fonoaudiólogo(a) de quatro a seis semanas após a cirurgia, tempo necessário para a adequada cicatrização. Esse profissional irá acoplar o processador de fala ao computador e, utilizando-se de dados obtidos durante a cirurgia, irá ajustar parâmetros como intensidade de estímulo e velocidade. O processador de fala é posicionado atrás da orelha, conectado pela antena imantada à unidade interna e ligado (ativado). Em seguida, alguns testes são realizados em busca da sensação auditiva do paciente e de sua reação a esses estímulos.

Em adultos pós-linguais (que perderam a audição depois de certa idade), a ativação costuma ser mais tranquila, pois o cérebro já estava acostumado a perceber o som antes do advento da surdez. Os resultados são mais rápidos, e geralmente é possível atingir alta porcentagem de reconhecimento de palavras, frases e sentenças.

Nos casos de crianças com surdez congênita, adolescentes e adultos com surdez pré-lingual (que nunca ouviram), é comum que esse seja um momento de estranheza e mesmo desconforto. Como o cérebro não está acostumado a perceber o som, trata-se de um estímulo novo, que pode ser interpretado pelo paciente de várias formas. Em bebês, a reação é bastante sutil, podendo ser apenas uma alteração no olhar, um choro ou um virar de cabeça. Nas crianças maiores, adolescentes e adultos pré-linguais, é comum o relato de percepção do som como uma vibração.

Um pouco sobre o déficit auditivo

Trata-se de um déficit que acomete pessoas que têm uma lesão em um ou nos dois ouvidos. A lesão está localizada nas células ciliadas do órgão de Corti – órgão responsável pela transferência da energia mecânica, transmitida pelos ouvidos externo e médio, em impulsos elétricos – ou até o primeiro neurônio do nervo auditivo. A deficiência resultante é comumente conhecida como perda auditiva neurossensorial e pode ser de grau leve, moderado, severo ou profundo. Falamos de surdez quando a deficiência é severa ou profunda: a pessoa não tem acesso aos sons da fala sem um aparelho de amplificação sonora individual (AASI) ou um implante coclear (Marzolla, 2012)

O déficit pode ocorrer em um ouvido (unilateral) ou nos dois (bilateral, o mais frequente). A lesão é irreversível, e as causas podem ser várias. De acordo com Butugan, Santoro, Almeida, Silveira e Grasel (2000), as causas se dividem em:

1. Perinatais: anóxia, icterícia, prematuridade e baixo peso (peso menor ou igual a 1.500 g);
2. Consanguinidade;
3. Familiares (genética): deficiência auditiva congênita na família (parentes diretos);
4. Ototoxicidade: internações prolongadas por quadros infecciosos, septicemia, necessitando de antibióticos, sobretudo aminoglicosídeos;
5. Outras: rubéola gestacional, meningite, malformação otorrinolaringológica, traumatismos cranioencefálicos, outras infecções pré-natais;
6. Indeterminadas.

A deficiência neurossensorial se diferencia de um déficit auditivo de tipo condutivo e de um tipo chamado comumente de surdez central. A *deficiência auditiva condutiva* é causada pela impossibilidade de o som auditivo chegar até o sistema neurossensorial da cóclea. Reduz a capacidade de ouvir num nível normal de audição. Os sintomas de deficiência auditiva condutiva podem se manifestar, portanto, em parte ou totalmente; podem acontecer também em um ouvido ou em ambos. Pode ser causada por vários motivos: perfuração do tímpano, rolha de cera no ouvido e osteosclerose (crescimento anormal de pequenos ossos pertencentes à estrutura do sistema auditivo, comum em idosos, por exemplo). A maioria dos casos de perda auditiva condutiva é temporária, podendo ser sanada por meio de um tratamento apropriado realizado por um médico. Por isso, é importante buscar ajuda médica logo que houver suspeita desse tipo de problema. Outros tipos de deficiência auditiva condutiva podem ser tratados com aparelhos auditivos ou com implantes auditivos, e certas deficiências auditivas podem ser tratadas por meio de cirurgia.

Já a *surdez central* não necessariamente é acompanhada de diminuição da sensitividade auditiva, mas manifesta-se por diferentes graus de dificuldade na compreensão das informações sonoras. Decorre de alterações nos mecanismos de processamento da informação sonora no tronco cerebral (sistema nervoso central).

O motivo dessa diferenciação é que podem acontecer diagnósticos equivocados, e cabe a nós, psicólogos, formular suspeitas diante de algum caso para poder fazer os encaminhamentos que se mostrarem necessários. Por exemplo, já participei de discussões de caso de crianças diagnosticadas com deficiência auditiva neurossensorial em que se levantou a hipótese de a criança ter uma fala de difícil inteligibilidade, mas com modulação de voz: isso levou à suspeita de uma surdez central que foi confirmada por exames com um otorrinolaringologista especializado. Decerto, já ficou evidenciada a importância de que o psicólogo saiba manter uma boa interlocução com outras áreas do saber, realizando um *trabalho interdisciplinar*.

Enfatizo que estamos falando de pessoas com grau severo de perda auditiva, o que significa que elas ouvem sons entre 71 e 90 dBNA (decibel nível de audição), enquanto o grau profundo indica que a pessoa escuta apenas os sons com mais de 91 dBNA. Como os sons da fala se encontram entre 20 e 50 dBNA, uma criança com perda severa ou profunda não tem acesso aos sons da fala, a menos que use aparelho de amplificação sonora individual (AASI) ou implante coclear (IC). Mesmo assim, a colocação do aparelho ou do implante não significa que a criança vai passar a escutar tão logo use esses recursos. A pessoa com deficiência auditiva, na grande maioria dos casos, tem uma audição residual, geralmente nas frequências graves, que vai ser aproveitada pelo AASI ou pelo IC, porém é necessário todo um trabalho fonoaudiológico que envolve o processo de adaptação da criança ao aparelho de amplificação ou ao implante coclear (Marzolla, 2012). É preciso um trabalho de apresentação do mundo dos sons, realizada de forma cuidadosa por quem acompanha o processo de adaptação do surdo ao AASI ou, no caso do IC, por quem faz a ativação e o mapeamento auditivo.

Para finalizar este item, cabe chamar a atenção para a detecção. A deficiência é detectada por meio da Triagem Auditiva Neonatal Universal – também chamada de Teste da Orelhinha. É feita inicialmente por meio do exame de Emissões Otoacústicas Evocadas (método para identificação de perdas auditivas em neonato). As emissões são sons provenientes da cóclea, órgão sensorial responsável pela audição, após a apresentação de um estímulo sonoro. O exame detecta a ocorrência da deficiência auditiva, visto que as emissões otoacústicas estão presentes em todas as orelhas funcionalmente normais e deixam de ser observadas quando os limiares auditivos se encontram acima de 30 dBNA, ou seja, quando existe qualquer alteração auditiva.

Cabe aqui uma reflexão sobre a detecção precoce (Marzolla, 2010):

> *Entendo que a identificação precoce de uma deficiência, seja ela qual for, é uma "faca de dois gumes", digamos assim. Por um lado, ela possibilita um pronto atendimento para a criança nas suas necessidades específicas (fonoaudiólogo, fisioterapeuta etc.) no sentido de minimizar os efeitos do déficit e potencializar seus recursos; possibilita que os pais saibam quem é o filho que têm nos braços, mas, por outro lado, a detecção precoce constitui-se num elemento que interfere na interação pais-bebê. Feridos em seu narcisismo, terão dificuldade para oferecer substratos narcísicos a esse filho, se não tiverem o que chamei no título de acolhimento feito por um psicoterapeuta, em geral somente convocado quando a criança já está manifestando um sofrimento psíquico. (p. 106)*

Aspectos psicológicos da deficiência auditiva

As questões discutidas aqui vêm de décadas de estudo e são delicadas em termos de formas de pensar as propostas educacionais, de (re)habilitação,[2] de indicação de implantes, de AASI, de fazer ou não terapia fonoaudiológica e com qual objetivo.

Por exemplo, como mencionei há pouco: os pais muito cedo levam sustos, se veem na posição de ter de fazer escolhas que vão definir destinos. Por

2 Prefiro destinar o termo reabilitação para situações de perda de uma habilidade. Quando se trata de criança que nasce surda, ela vai adquirir oralidade e/ou Libras. Nesse caso, vai se habilitar.

exemplo, como falar com o filho? Como entender o filho? Muitos pais trazem questões da ordem de uma impossibilidade de "entender" um bebê surdo: esquecem-se de que qualquer bebê inicia o processo de desenvolvimento da fala a partir de balbucios aos quais o adulto significativo vai atribuindo sentidos.

Dessa forma, a possibilidade de fazer um IC oferece aos pais ouvintes a possibilidade de um filho que vá ouvir e falar. Vem daí a importância de os grandes centros especializados em IC fazerem uma avaliação global, por uma equipe composta de médico otorrinolaringologista, fonoaudiólogo e psicólogo, para indicar – ou não – a cirurgia. Há casos em que o psicólogo especializado pode intervir no sentido de contraindicar a cirurgia.

Quando os pais têm, eles próprios, uma surdez de severa a profunda, a escolha também é difícil e, sem dúvida, a posição subjetiva deles em relação à própria surdez exerce uma função importante: como ser pai/mãe surdo de uma criança "ouvinte/falante"? Para outros, o IC pode significar um ganho narcísico para si mesmos. De todo modo, nesses casos, se usar a língua de sinais, a criança terá acesso a uma linguagem desde cedo. Uma criança surda, filha de pais ouvintes, terá sempre uma defasagem no sentido linguístico, que poderá, a depender de fatores psíquicos dos pais, por exemplo, fazer com que estes fiquem identificados a tal ponto com a surdez do filho que se calem literalmente: "para que falar se meu filho não ouve?".

Um impasse se dá quanto à decisão que a família vai tomar. Há caminhos que se voltam para um trabalho que parte da estimulação dos resíduos auditivos por meio da indicação de AASI ou IC para a criança junto a um trabalho voltado ao desenvolvimento da língua oral, e há profissionais que defendem o bilinguismo.

Os profissionais da fonoaudiologia e da educação que defendem o acesso da criança surda à Libras pautam-se na concepção do surdo como alguém diferente e pertencente a um grupo linguístico minoritário. A essa forma de atuação se deu o nome de bilinguismo para surdos.

> *O movimento multicultural na década de oitenta que trouxe em seu bojo a requisição dos Surdos para que sua língua fosse respeitada, assim como a sua cultura. Como resultado deste movimento foi que se verificou, no Brasil, desde o mesmo período, o*

> *fortalecimento da comunidade Surda que, por meio de suas associações e principalmente de sua federação – FENEIS – passou a requisitar que a língua de sinais passasse a ser usada na educação com os Surdos como parte de uma filosofia que prega a compreensão do Surdo não como deficiente, mas como diferente e pertencente a um grupo linguístico minoritário. (Moura, 2000, s.p.)*

Muitos estudos concluíram que o processo das crianças surdas adquirindo língua de sinais ocorre em período análogo à aquisição da linguagem em crianças adquirindo uma língua oral-auditiva. Já para as pessoas que adquirem surdez pós-lingual, os benefícios do AASI ou do IC são irrefutáveis (Lobato, 2014; Moreira, 2013).

Vamos nos deter um instante na surdez pré-lingual. É importante levarmos em conta que a grande maioria dos surdos é filha de pais que ouvem. Assim, os pais necessitam lidar com angústias que se apresentam quando um filho apresenta um déficit. No caso da surdez, é importante também levar em conta que se trata de um déficit "invisível": não o vemos.

Mannoni (1989) já nos alertava em uma nota de rodapé de seu livro *A criança retardada e a mãe* que "a enfermidade de um filho atinge a mãe [eu acrescento "e o pai"] num plano narcísico: dá-se uma perda brusca de toda referência de identificação" (p. 2) e "trata-se de um pânico diante de uma imagem de si que já não se pode nem reconhecer nem amar" (p. 2). Fédida (1984) indica também que o intolerável da deficiência do outro não é somente o ressurgimento da angústia de castração, mas também o abalo nas bases da própria existência, assegura: é um abalo narcísico. E não se deve ignorar isso! A oferta de acolhimento aos pais é fundamental, mas o psicólogo acaba por ser o último a ser chamado, quando chamado...

No caso da surdez, é muito comum que alguns pais se calem ante o filho surdo e, supostamente, mudo. Assim, pode se evidenciar uma dificuldade no contato com o filho surdo. Dizeres como: "Meu filho vai falar?"; "Como responder às perguntas que ele faz?"; "Eu não entendo o que ele fala: só minha mulher entende!" se fazem presentes. Em minha dissertação (Marzolla, 1996), que partiu de experiências no trabalho como psicóloga numa escola para surdos e, depois, na Clínica da Derdic/PUC-SP, levantei questões sobre o que faz com que alguns pais fiquem como mudos com o filho surdo e que imagem têm do filho, que imagem os profissionais têm do seu aluno ou paciente surdo, que expectativas possuem e como o surdo vê a si mesmo num mundo de falantes. O viés dado ao tipo de oferta que se fará a esses pais em termos de escolhas de propostas de atendimento ao filho surdo passa pelos profissionais – e suas crenças – com que se depararem. A depender do médico e/ou fonoaudiólogo a que os pais (ou responsáveis) têm acesso, a depender das pesquisas feitas via *Google*, *Facebook*, *Instagram* etc., haverá a indicação de um caminho – ou vários deles. Em tempos de imediatismo, são poucos os que conseguem refletir e ponderar sobre que caminho ou caminhos podem ser mais interessantes para o filho.

De um modo geral, entendo que, a princípio, os cuidadores serão apresentados ao AASI (aparelho de amplificação sonora individual). Quando ele é efetivo para a criança, alguns médicos e fonoaudiólogos especialistas optam por não indicar um implante coclear, já que é uma cirurgia, mas tudo depende dos ganhos que a criança poderá ter. Profissionais e família definem o rumo, e somente depois a criança vai ou não demandar outras possibilidades de inserção, a depender de uma série de fatores. Daí a ideia de que muitas crianças podem constituir um falso *self*, para usar um termo winnicottiano, isto é, uma organização defensiva por meio da qual o bebê se adapta prematuramente às funções do cuidado e à proteção materna. Em função de a mãe não conseguir se adaptar suficientemente bem às necessidades da criança, esta reage às exigências do meio e tende a aceitá-las, tomá-las como suas. Cria-se, então, uma "casca" – o falso *self* – a partir da qual a pessoa cresce: o "núcleo" – o verdadeiro *self* – fica oculto e sem poder se desenvolver (Marzolla, 2012).

Mudanças de rota são sempre possíveis. No campo da deficiência auditiva, existem escolas especiais bilíngues que oferecem Libras como primeira língua e português (escrito e/ou falado) como segunda língua. De um modo geral, as crianças atendidas sob um viés oral-aural são encaminhadas para escolas regulares, que incluem os alunos surdos em salas de aulas mistas com alunos ouvintes. Algumas dessas escolas fazem uso do intérprete como mediador entre o aluno surdo e os demais ouvintes. Algumas crianças podem se beneficiar, outras não: o processo de aprendizagem do surdo pode ficar dificultado (Freire, Moura & Felix, 2017).

Deficiente auditivo, surdo ou Surdo?

A partir do que foi exposto, é possível identificar diferentes formas de divisão entre os vários grupos ou nichos de pessoas com surdez. Uma diferenciação em três nichos, feita pela própria comunidade de pessoas que apresentam um déficit de audição neurossensorial bilateral de severo a profundo, é esta:

1. Surdo com perda grande de audição que não se adaptou ao AASI e usa a Libras como forma de comunicação;
2. Surdo oralizado, que usa e se beneficia do AASI ou IC e pode ou não usar Libras;
3. Surdo que desde cedo teve acesso a Libras (de um modo geral, filhos de surdos).

Nesse tipo de diferenciação, a indicação e a avaliação de colocação de AASI ou a indicação do IC são norteadores. É importante apontar aqui que o IC não é indicado para qualquer pessoa com déficit auditivo neurossensorial e, de um modo geral, os candidatos passam por avaliações otorrinolaringológica, fonoaudiológica, psicológica e com serviço social para uma decisão em conjunto. Há critérios bem estabelecidos.

Outra divisão é apresentada por Paula Pfeifer Moreira (2013), uma surda que diz em seu site Crônicas da Surdez, que deu origem a um livro de mesmo nome, que:

> *Uma Pessoa Com Deficiência (PCD), ao se enquadrar nos parâmetros legais de surdez, obviamente é porque tem: deficiência auditiva. Ou seja, se encontram nesse grupo os surdos oralizados (que falam o português), sinalizados (que falam Libras), bilíngues (português e Libras), com variados graus de surdez... Todos no mesmo pacote: pessoas com deficiência auditiva. (s.p.)*

A Federação Nacional de Educação e Integração dos Surdos (Feneis) é uma entidade filantrópica sem fins lucrativos, fundada em 16 de maio de 1987, que tem por finalidade a defesa de políticas linguísticas, educação, cultura, emprego, saúde e assistência social, em favor da comunidade surda brasileira, bem como a defesa de seus direitos. Uma de suas principais bandeiras é o reconhecimento da cultura surda, por meio da propagação da Língua de Sinais, especialmente por meio de sua inserção no mercado de trabalho. Nota-se assim, movimentos sociais em que há uma contraposição entre os que defendem a oralização da criança surda e os que defendem a importância de que a criança tenha acesso à Libras o mais precocemente possível. O que chama minha atenção nesse caso é o preconceito que muitos surdos implantados sofrem da parte daqueles que usam Libras e vice-versa.

Em outra via, Solomon (2013) distingue o uso do termo "Surdo" (com inicial maiúscula) referindo-se a uma cultura e o termo com s minúsculo, "surdo", de cunho patológico. Assim, "a *cura* – surdez como patologia – é execrada; a *adaptação* – surdez como deficiência – é mais palatável; e *celebração* – Surdez como cultura – supera todas" (p. 87).

Quem defende o bilinguismo parte da ideia de que a pessoa não seja tomada como deficiente, em função do pressuposto de que o contato com a língua materna para adquirir/desenvolver uma linguagem é vital. Nesse caso, a língua materna deve ser a Libras. As crianças, no convívio com a comunidade linguística, se relacionam, falam e se comunicam, são inseridas socialmente. Entretanto, historicamente, isso não tem sido uma realidade para as crianças surdas, privadas do contato com a língua de sinais.

Há então a necessidade de se colocar a criança surda próxima de seus pares o mais rápido possível, ou seja, em contato com um adulto surdo, fluente em libras, que será para essa criança o meio mais fácil de propiciar sua aquisição da língua. Nessas condições, adquirindo a Libras, ela se tornará capaz de significar o mundo. As experiências mais promissoras indicam a necessidade de atuação direta dos adultos surdos sinalizadores com os surdos que não têm acesso à língua de sinais, para que esse acesso se dê de forma rápida e eficiente, uma vez que isso também irá contribuir para a formação da identidade de pessoa surda desses sujeitos.

No momento em que a criança adquire sua língua natural, está apta a realizar o aprendizado de uma segunda língua, tornando-se um ser bilíngue. No caso dos surdos, como nem sempre isso é uma realidade, podemos encontrar surdos adultos que, pela falta de acesso à língua de sinais na infância, chegam à vida adulta sem ter adquirido nenhuma língua, por terem sido apenas expostos a uma língua oral e não terem um desempenho satisfatório com ela.

Sou contra a proibição do uso de sinais ainda indicada por alguns otorrinolaringologistas e fonoaudiólogos, sob o pretexto de que esse uso faria com que a criança surda se desinteressasse pela oralidade. A impossibilidade de se comunicar pode resultar em questões psicológicas da ordem da psicose. Sabe-se, hoje, que uma criança tem a possibilidade de aprender várias línguas ao mesmo tempo. É de grande importância que uma criança possa ter acesso a uma língua desde cedo. Neste ponto, lembro que a maior parte de surdos, no Brasil, tem pais que ouvem. Daí a questão: como fica a interlocução dos pais com seu filho, com sua filha? Entendo que os pais podem aprender a língua de sinais, e isso é importante. Mas quem faz esse trabalho? A família precisará de um intérprete? Aponto questões para custos psicológicos de qualquer caminho que se escolha. Ao longo de minha experiência, pude perceber o efeito do IC sobre crianças e adultos surdos: o efeito de conexão, sorriso nos lábios.

Portanto, é interessante pensar no surdo como grupo minoritário, mas aprender outras línguas e culturas amplia a vida de qualquer um de nós em termos de possibilidades de relações de amizade, de relações afetivas, de oportunidades de emprego. Outra questão a considerar: estamos engatinhando em termos de inclusão: qual escola usa a Libras como língua independentemente de ter um aluno surdo? No Brasil, desconheço esse tipo de proposta.

Referências

Butugan, O., Santoro, P. P., Almeida, E. D., Silveira, J. D., & Grasel, S. S. (2000). Diagnóstico precoce da deficiência auditiva no primeiro ano de vida de crianças com alto risco através de audiometria de tronco cerebral. *Pediatria (São Paulo), 22*(2), 115-22.

Fédida, P. (1984). A negação da deficiência. In M. I. D. Á. Neto (Org.), *A negação da deficiência: a instituição da diversidade*. Achiamé & Socius.

Freire, E. L., Moura, A. A. de, & Felix, N. M. (2017). Escolas bilíngues para surdos no Brasil: uma luta a ser conquistada. *Revista on line de Política e*

Gestão Educacional, 21(esp. 2), 1283-1295. http://doi.org/10.22633/rpge.v21.n.esp2.2017.10172

Lobato, L. (2019). *Desculpe, não ouvi.* Sobretom Comunicação.

Mannoni, M. (1989). *A criança retardada e a mãe.* Martins Fontes.

Marzolla, A. C. (1996). A palavra e o som – estudo sobre efeitos da surdez precoce no psiquismo de dois sujeitos: uma compreensão psicanalítica [Dissertação de mestrado, PUC-SP].

Marzolla, A. C. (2010). O pai e seu filho surdo: um olhar psicanalítico [Tese de doutorado, PUC-SP].

Marzolla, A. C. (2012). *Atendimento psicanalítico do paciente com surdez.* Zagadoni.

Moreira, P. P. (2013). *Crônicas da surdez.* Plexus.

Moura, M. C. (2000). *O surdo: caminhos para uma nova identidade.* Revinter.

Solomon, A. (2013). *Longe da árvore.* Companhia das Letras.

6. Deficiência intelectual

Elisiane Perufo Alles

André Marques Choinski

Maria de Fatima Joaquim Minetto

O termo deficiência intelectual (DI) foi cunhado recentemente, em decorrência de um processo longo em prol da mudança de terminologia. Foi apresentado em 2001 na Conferência Internacional sobre Deficiência Intelectual ocorrida no Canadá e em 2004 publicado na Declaração de Montreal sobre Deficiência Intelectual pela Organização Pan-Americana de Saúde e a Organização Mundial de Saúde. A mudança do termo deficiência mental para DI não se restringe a uma mera troca de expressão por um sinônimo menos estigmatizante, mas é fruto de amplo debate nos meios científicos internacionais, representando um novo paradigma em termos de definição do constructo da deficiência intelectual (Almeida, 2004a; Pletsch, 2013).

Ao longo dos anos, muitos foram os termos utilizados para se referir e definir condutas e significados para os portadores de DI (Schalock et al., 2010; Pessotti, 2012; Schalock, Luckasson & Tassé, 2021), com diversos relatos que consideravam a pessoa com deficiência algo sem valor e que deveria ser exterminada, institucionalizada, educada de forma segregada (Pessotti, 2012).

Nesse contexto, desde 1908 a *American Association on Intellectual and Developmental Disabilities* (AAIDD) vem debruçando seus esforços, estudos e pesquisas acerca da definição, diagnóstico e classificação da DI por meio de manuais, destacando a importância da terminologia e, em consequências, as ações e provimentos de melhorias em âmbito social e educacional para essa parcela da população (Almeida, 2004b).

Embora a nomenclatura tenha se modificado ao longo dos anos, observa-se que três elementos são essenciais no diagnóstico de DI: (1) limitações no funcionamento intelectual; (2) limitações comportamentais na adaptação às demandas ambientais; e (3) idade de início. No Quadro 6.1 podemos observar as definições empregadas segundo a AAIDD.

Quadro 6.1 Resumo histórico das definições da deficiência intelectual segundo a AAIDD

Ano	Autor principal	Definição	Critérios de inserção pela idade
1908	Tredgold	Um estado de deficiência mental de nascença ou a partir de tenra idade, devido a desenvolvimento cerebral incompleto, em consequência do qual a pessoa afetada é incapaz de realizar seus deveres como membro da sociedade na posição da vida para a qual ela nasceu.	Um estado de deficiência mental, desde o nascimento, ou a partir de uma idade precoce, devido ao desenvolvimento cerebral incompleto.
1937	Tredgold	A deficiência mental é um estado de desenvolvimento mental incompleto de um tipo e grau que o indivíduo é incapaz de se adaptar ao ambiente normal de seus companheiros, de maneira a conseguir levar sua vida independentemente de supervisão, controle ou apoio externo.	Um estado de desenvolvimento mental incompleto.
1941	Doll	Um estado de incompetência social obtido na maturidade, ou provável de se obter na maturidade, resultante de uma parada no desenvolvimento de origem constitucional (hereditária ou adquirida); a condição é essencialmente incurável por meio de tratamento e irremediável por meio do treinamento.	Um estado de incompetência social obtido na maturidade, ou susceptível de se obter na maturidade, resultante de uma parada do desenvolvimento de origem constitucional.
1959	Heber	O retardo mental refere-se a um funcionamento intelectual geral abaixo da média que se origina durante o período desenvolvimental e está associado a uma deficiência em uma ou mais das seguintes áreas: (1) amadurecimento, (2) aprendizagem e (3) ajustamento social.	Origina-se no período de desenvolvimento até mais ou menos os 16 anos.
1961	Heber	O retardo mental refere-se a um funcionamento intelectual geral abaixo da média que se origina durante o período desenvolvimental e está associado com deficiência no comportamento adaptativo.	Origina-se no período de desenvolvimento até mais ou menos os 16 anos.

1973	Grossman	O retardo mental refere-se a um funcionamento intelectual geral significativamente abaixo da média, existente ao mesmo tempo com déficits no comportamento adaptativo e manifestado durante o período desenvolvimental	Manifesta-se durante o período de desenvolvimento (até os 18 anos).
1983	Grossman	O retardo mental refere-se ao funcionamento intelectual geral significativamente abaixo da média, resultando em ou associado a deficiências concomitantes no comportamento adaptativo e manifestado durante o período de desenvolvimento	Manifesta-se durante o período de desenvolvimento (período entre a concepção e o 18º aniversário).
1992	Luckasson et al.	O retardo mental refere-se a limitações substanciais no funcionamento atual. É caracterizado por um funcionamento intelectual significativamente abaixo da média, existente ao mesmo tempo com limitações relacionadas em duas ou mais das seguintes áreas de habilidades adaptativas aplicáveis: comunicação, autocuidado, vida doméstica, habilidades sociais, uso da comunidade, autodirecionamento, aprendizagem funcional, lazer e trabalho.	Manifesta-se antes dos 18 anos.
2002	Luckasson et al.	O retardo mental é uma incapacidade caracterizada por importantes limitações, tanto no funcionamento intelectual quanto no comportamento adaptativo, está expresso nas habilidades adaptativas conceituais, sociais e práticas.	Origina-se antes dos 18 anos.
2010	Schalock et al.	A deficiência intelectual é caracterizada por limitações significativas tanto no funcionamento intelectual quanto no comportamento adaptativo, conforme expresso nas habilidades adaptativas conceituais, sociais e práticas.	Origina-se antes dos 18 anos.
2021	Schalock, Luckasson e Tassé	A deficiência intelectual é caracterizada por limitações significativas tanto no funcionamento intelectual quanto no comportamento adaptativo, conforme expresso em habilidades adaptativas conceituais, sociais e práticas.	Essa deficiência origina-se durante o período de desenvolvimento, que é definido operacionalmente como antes de o indivíduo atingir os 22 anos

Fonte: adaptado de Alles, Boueri e Castro (2019) e Schalock, Luckasson e Tassé, 2021 (tradução nossa).

Podemos observar no Quadro 6.1 que a atual definição de deficiência intelectual, da 12ª edição do manual da AAIDD, é a mesma da 11ª edição, exceto pelo critério de idade.

> *Essa mudança não afetará a taxa de prevalência porque a grande maioria dos diagnósticos de DI são feitos – e continuarão a ser – na primeira infância, mas permitirá diagnósticos precisos da pequena porcentagem de indivíduos que são identificados perto do final do período de desenvolvimento. (Schalock, Luckasson & Tassé, 2021, p. 33, tradução nossa)*

Desse modo, para a aplicação da definição são essenciais as seguintes premissas:

> *1. As limitações no funcionamento atual devem ser consideradas dentro do contexto de ambientes comunitários típicos da idade e da cultura do indivíduo.*
>
> *2. A avaliação válida considera a diversidade cultural e linguística, bem como as diferenças em fatores de comunicação, sensoriais, motores e comportamentais.*
>
> *3. Dentro de um indivíduo, as limitações frequentemente coexistem com os pontos fortes.*
>
> *4. Um propósito importante de descrever as limitações é desenvolver um perfil de suportes necessários.*
>
> *5. Com suportes personalizados apropriados durante um período sustentado, o funcionamento da vida da pessoa com identidade geralmente melhorará. (Schalock, Luckasson & Tassé, 2021, p. 1, tradução nossa)*

A partir dessas premissas, podemos aferir que, ao considerarmos as questões ambientais, de desenvolvimento de potencialidades e de implementação de apoios, o diagnóstico é passível de mudança. Assim, as cinco premissas refletem a distinção entre o diagnóstico e a expressão de deficiência intelectual, que "abrange um envolvimento recíproco entre as dimensões do funcionamento humano, sistema de suporte e resultados do funcionamento humano" (Schalock, Luckasson & Tassé, 2021, p. 15, nossa tradução), o qual é descrito no modelo integrado de funcionamento humano na Figura 6.1.

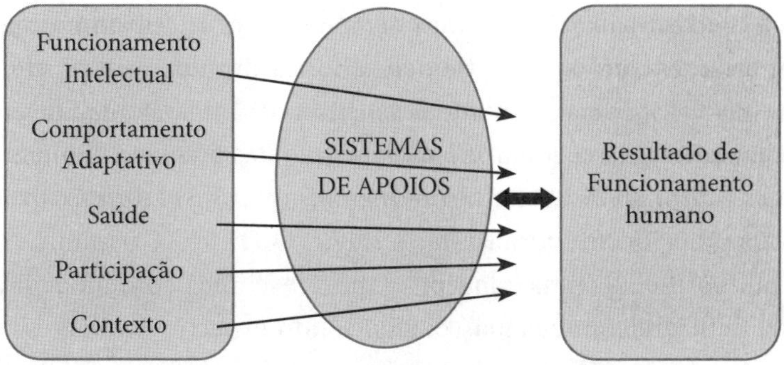

Figura 6.1 Modelo multidimensional. Fonte: adaptada de: Schalock, Luckasson e Tassé (2021, p. 10).

Segundo esse modelo multidimensional de funcionamento humano, obtém-se uma compreensão socioecológica da DI, sendo alicerçada na avaliação dos apoios necessários para o indivíduo participar ao longo da vida nos diferentes ambientes e atividades comunitárias, contribuindo para o desempenho, a melhoria do funcionamento humano e nos resultados pessoais. Assim, o enfoque está nas necessidades que o indivíduo apresenta, e não nos graus de deficiência (Figura 6.1).

No modelo multidimensional, o funcionamento individual resulta na interação recíproca e dinâmica estabelecida entre os sistemas de apoios individualizados e as dimensões (funcionamento intelectual, comportamento adaptativo, saúde, participação e contexto), como se pode observar na Figura 6.1. Embasados na definição apresentada pela AAIDD, pesquisadores brasileiros e profissionais da Educação Especial têm respaldado as decisões que devem ser priorizadas no ensino e nortear ações referentes à prática (Boueri, 2014).

A 12ª edição do manual da AAIDD apresenta uma abordagem integrativa da deficiência intelectual alicerçada em dois pilares: (1) a DI é um estado de funcionamento caracterizado por limitações significativas no funcionamento humano e influenciado por fatores contextuais; e (2) mediante os apoios individualizados ofertados, o funcionamento do indivíduo com DI geralmente melhorará (Schalock, Luckasson & Tassé, 2021).

Assim, a concepção acerca da DI apresentada pela AAIDD propõe que tanto as expectativas sociais quanto os apoios fornecidos ao indivíduo são mais importantes que os níveis de deficiência indicados pelo processo diagnóstico, uma vez que na realidade brasileira o diagnóstico da DI tem como base os manuais internacionais de classificação das doenças, como o *Manual diagnóstico e estatístico de transtornos mentais* (DSM-5) (APA, 2014) e o *Manual de classificação internacional de doenças* (CID 10)[1] (Caetano, 1993). Este último, por apresentar uma concepção médico-clínica com uma visão organicista da deficiência intelectual, evidenciando aspectos etiológicos classificatórios e tipológicos (Boueri, 2014), não será abordado neste estudo. Já no *Manual diagnóstico e estatístico de transtornos mentais*, em todas as suas revisões, a APA geralmente adotou as definições empregadas pela AAIDD e os critérios de diagnóstico, ressalvadas algumas pequenas adaptações (Schalock, Luckasson & Tassé, 2021).

Segundo o manual da AAIDD, é necessário levar em conta para um diagnóstico o contexto em que essa criança se encontra e o comportamento que a sociedade entende como típico para os indivíduos de uma dada faixa etária (Schalock, Luckasson & Tassé, 2021). Nesse documento, a idade limite em que se apresenta algum diagnóstico muda para antes dos 22 anos e também se enfatiza que as limitações anteriormente citadas como essenciais para o diagnóstico de DI devem ser expressas nas áreas do comportamento adaptativo, conceitual, social e prático. Esta afirmação vai ao encontro com a teoria

---

1 Em 1º janeiro de 2022, entrou em vigor o CID-11, uma nova versão da classificação das doenças feitas pela OMS (2019). A partir dessa definição, os critérios diagnósticos já se aproximam do que é discutido por outros autores: muda-se a terminologia de retardo mental (CID-10) para transtornos do desenvolvimento intelectual (CID-11); e são incluídas as limitações no comportamento adaptativo como critério diagnóstico, não apenas os resultados de testes de inteligência. O comportamento adaptativo é considerado em função das exigências ambientais e da idade. Nesse novo documento não há especificação de idade limite. Apesar dessa melhora expressiva na definição de DI no CID-11, esse documento ainda não possui tradução para o português e ainda não está sendo implementado no sistema de saúde brasileiro.

bioecológica do desenvolvimento, onde necessitamos olhar a Pessoa, seu Processo, Contexto e Tempo (Broffenbrener, 2011).

Aspectos psicológicos da DI

O ser humano é multidimensional: ultrapassa as fronteiras do individual e envolve um ser psicológico, afetivo, social e biológico. Pensar em partes isoladamente não basta, é necessário considerar as inter-relações que são estabelecidas e exigem um pensamento além do linear, um pensamento multidimensional, considerando o todo e as partes do todo em seu determinado contexto (Morin, 2000; Broffenbrenner, 2011).

Com o entendimento da deficiência como uma pessoa com possibilidades, passou-se a entender a necessidade de pensar também em sua autonomia, fazendo com que a sociedade traçasse estratégias para facilitar o acesso (apoios) desses indivíduos a lugares públicos e de uso coletivo (Gaudenzi & Ortega, 2016).

Como salientado anteriormente, o conceito de DI está atualmente passando por uma transformação significativa, que engloba uma abordagem integrada, especialmente no que tange aos direitos humanos e legais, à elegibilidade para serviços e apoio, além de uma ênfase em apoios individualizados fornecidos dentro de ambientes inclusivos (Schalock, Luckasson & Tassé, 2019; 2021).

Quando se fala em apoios, é importante compreender sua definição como recursos e estratégias que visam promover o desenvolvimento, a educação, o interesse e o bem-estar pessoal do indivíduo, melhorando o funcionamento humano (Thompson et al., 2004). Nessa perspectiva, o indivíduo está no centro do processo, desenvolvendo sua autonomia, fazendo escolhas e exercendo a autodeterminação, facilitadas pela tomada de decisão apoiada ou reconhecendo quando necessita da ajuda de outra pessoa (Schalock, Luckasson & Tassé, 2019; Lepri, 2019).

O apoio pode, segundo relatório mundial sobre a deficiência (OMS, 2012), variar ao longo da vida, dependendo dos fatores ambientais, das condições de saúde e do nível de funcionalidade adaptativa do indivíduo. Há fatores que tipicamente afetam os aprendizados ou a realização de habilidades adaptativas, como a restrição de oportunidades de participação, relevância do contexto e envolvimento, além de considerações socioculturais (Schalock et al., 2010).

Portanto, se um indivíduo consegue realizar uma atividade com autonomia, não necessita desse suporte. É necessário, então, entender a linha tênue entre o apoio necessário, em um momento específico e com uma intensidade específica (Thompson et al., 2004), e em quais são as situações em que realmente não é necessário esse apoio. Ganham importância estratégias para desenvolver a autonomia do indivíduo com DI.

Segundo Montobio e Lepri (2007), em muitas situações o objetivo do cuidado é confundido com seu fim, por isso coloca-se em prática uma espécie de reabilitação interminável, que, na verdade, anula a existência do indivíduo. Esse fim pode ser entendido como a possibilidade de a pessoa com deficiência viver em nosso meio, a possibilidade ou não de estar incluído em escolas regulares de ensino, na comunidade e no ambiente familiar.

O conceito de autonomia tem sido concebido em diferentes contextos e com diferentes significados, mas em todas as definições o conceito gira em torno do indivíduo e sua capacidade de autogoverno e autodeterminação. A autonomia só se tornou um aspecto relevante na década de 1930 ligados à prática profissional para crescimento pessoal. Após uma queda no interesse pelo tema nos anos seguintes, na década de 1980 ele ressurge, especialmente pelo valor da autodeterminação, ou seja, o processo pelo qual a pessoa se constitui como sujeito moral por meio de suas ações. A autodeterminação será plenamente alcançada ao longo do desenvolvimento vital da pessoa devido à sua inclusão e participação[2] em grupos sociais (Lozano, 2018).

Considerações finais

O entendimento do conceito de deficiência intelectual se transforma ao longo dos anos com a evolução da ciência. Não há, entretanto, uma negação da

2 Uma discussão detalhada sobre as relações entre os pares se encontra no capítulo "A função do semelhante na inclusão: considerações a partir de um relato de pesquisa".

diferença de funcionamento, e sim a percepção da necessidade de mudanças no contexto (apoios) para que haja o pleno desenvolvimento. Na visão anterior não se vislumbrava um futuro com autonomia. Atualmente, a ideia de autonomia (dar voz às suas vontades) está ligada à independência, que com determinado tipo de apoio pode ser alcançada.

Referências

AARM. (American Association on Mental Retardation). (2006). *Retardo mental: definição, classificação e sistema de apoio* (10a ed., M. F. Lopes, Trad.). Artmed.

Alles, E. P. (2016). *Escala de intensidade de apoio (SIS) como ferramenta de compreensão da definição de deficiência intelectual* [Trabalho de conclusão de curso, Universidade Federal de Santa Maria].

Alles, E. P, Boueri, I. Z., & Castro, S. F. (2019). Educação especial, deficiência intelectual e necessidade de apoio: conceitos e Possibilidades. In W. D. Guilherme (Org.), *Educação inclusiva e contexto social: questões contemporâneas* (Vol. 2). Atena. http://doi.org/10.22533/at.ed.3441925067

Almeida, M. A. (2004a). Apresentação e análise das definições de deficiência mental propostas pela AAMR – Associação Americana de Retardo Mental de 1908-2002. *Revista de Educação PUC-Campinas*, (16).

Almeida, M. A. (2004b). Formação do professor para a educação especial: história, legislação e competências. *Revista Educação Especial*, 23-32.

Almeida, M. A. (2012). Deficiência intelectual: realidade e ação. *Secretaria da Educação do Estado de São Paulo*. http://cape.edunet.sp.gov.br/textos/textos/Livro%20DI.pdf.

Almeida, M. A. (2013). *Adaptação e validação da Escala de Intensidade de Suporte – SIS para o Brasil: uma contribuição para avaliação funcional de jovens e adultos com deficiência intelectual*. http://feapaesp.org.br/material_download/432_EXT%20%20247%20ESCALA%20SIS%20APLICA%C3%87%C3%83O.pdf

APA. (American Psychiatric Association). (2014). *DSM-5: Manual diagnóstico e estatístico de transtornos mentais.* Artmed.

Bronfenbrenner, U. (2011). Bioecologia do desenvolvimento humano: tornando os seres humanos mais humanos (A. C. Barreto, Trad.). Artmed.

Boueri, I. Z. (2014). *Instituições residenciais para pessoas com deficiência intelectual: um programa educacional para promover qualidade no atendimento* [Tese de doutorado, Universidade Federal de São Carlos].

Caetano, D. (1993). *Classificação de transtornos mentais e de comportamento da CID-10: descrições clínicas e diretrizes diagnósticas.* Artes Médicas Sul.

Gaudenzi, P. & Ortega, F. (2016). Problematizando o conceito de deficiência a partir das noções de autonomia e normalidade. *Ciência e Saúde Coletiva, 21*(10), 3061-3070.

Lepri, C. (2019). *A pessoa no centro: autodeterminação, autonomia e adultidade para pessoas com deficiência.* Saberes Editora.

Lozano, A. (2018). El valor de la autonomía en la intervención familiar. *Cuad. Trab. Soc., 31*(1), 177-187.

Montobio, E., & Lepri, C. (2007). *Quem eu seria se eu pudesse ser.* Fundação Síndrome de Down.

Morin, E. (2000). Os sete saberes necessários à educação do futuro (2a ed). Cortez.

OMS. (Organização Mundial da Saúde). (2012). Relatório mundial sobre a deficiência (Lexicus Serviços Lingüísticos - São Paulo, Trad.)

OMS. (Organização Mundial da Saúde). (2019). *ICD-11 Reference Guide.* OMS. https://icd.who.int/icd11refguide/en/index.html.

Pessotti, I. (2012). *Deficiência mental: da superstição à ciência.* ABPEE.

Pletsch, M. D. (2009). A formação de professores para a educação inclusiva: legislação, diretrizes políticas e resultados de pesquisas. *Educar em Revista, 33,* 143-156.

Pletsch, M. D. (2013). A escolarização do aluno com deficiência intelectual... apesar do diagnóstico. In S. M. F. Meletti & M. C. M. Kássar (Orgs.),

Escolarização de alunos com deficiências: desafios e possibilidades (pp. 243-269). Mercado de Letras.

Pletsch, M. D., & Glat, R. (2012). A escolarização de alunos com deficiência intelectual: uma análise da aplicação do Plano de Desenvolvimento Educacional Individualizado. *Linhas críticas, 18*(35), 193-208.

Schalock, R. L., Borthwick-Duffy, S. A., Bradley, V. J., Buntinx, W. H., Coulter, D. L., Craig, E. M., Gomez, S. C., Lachapelle, Y., Luckasson, R., Reeve, A., Shogren, K. A., Snell, M. E., Spreat, S., Tasse, M. J., Thompson, J. R., Verdugo-Alonso, M. A., Wehmeyer, M. L., & Yeager, M. H. (2010). *Intellectual disability: definition, classification, and systems of supports* (11a ed.). American Association on Intellectual and Developmental Disabilities.

Schalock, R. L., Luckasson, R., & Tassé, M. J. (2019). The contemporary view of intellectual and developmental disabilities: implications for psychologists. *Psicothema, 31*(3), 223-228. http://doi.org/10.7334/psicothema2019.119

Schalock, R. L., Luckasson, R., & Tassé, M. J. (2021). *Intellectual disability: definition, diagnosis, classification, and systems of supports* (12a ed.). American Association on Intellectual and Developmental Disabilities.

Thompson, J. R., Bryant, B., Campbell, E. M., Craig, E. M., Hughes, C., & Rotholtz, D. A. (2004). *Support intensity scale. Supports intensity scale user's manual.* American Association on Mental Retardation.

Thompson, J. R., Doeke, K., Holmes, A., Pratt, C., Myles, B. S., Shogren, K. A., & Wehmwyer, M. L. (2017). *Person-centered planning with the supports intensity scale – Adult version.* American Association on Intellectual and Developmental Disabilities.

Vicente, A. L. (2018). El valor de la autonomía en la intervención familiar. *Cuadernos de Trabajo Social, 31*(1), 177.

Parte III

Contribuições clínicas

7. Atendimento a crianças e adolescentes em um centro de reabilitação: entraves e possibilidades

Daniela Farias Cardoso

O trabalho do psicólogo em um centro de reabilitação é permeado por inúmeras demandas e desafios. Trabalhando há quase vinte anos em uma instituição de referência na reabilitação de crianças com deficiência física, pude vivenciar os desafios do clínico dentro de uma instituição em que as demandas são as mais variadas possíveis e vindas de fontes diversas. Neste contexto, podemos incluir o próprio paciente que busca o processo de reabilitação, seus familiares, a instituição, o médico e a equipe que solicita o suporte do profissional da psicologia com diferentes propósitos.

Nesse sentido, a prática dentro de um centro de reabilitação faz com que estejamos prontos para todo tipo de atendimento: tanto quando a família está disponível como quando não está, seja por dificuldades estruturais, socioeconômicas, pela gravidade do próprio caso, pela resistência do próprio paciente ao processo de tratamento que irá iniciar, como também pelas condições de espaço físico e estrutural.

Atender pacientes na maca, nas camas de hospitais, com aparelhos de oxigênio e similares, além dos mais diversos tipos de comprometimentos, são situações muito comuns na nossa prática diária. Muitas vezes, a família está tão absorvida e tomada por sentimentos diversos com todo o processo no qual está inserida que nem sequer consegue formular uma demanda de atendimento ou mesmo de encaminhamento. Esses são alguns dos exemplos que podem ser citados, muito comuns, com os quais me deparei na minha prática dentro de uma instituição.

É importante ressaltar que quem chega para tratamento nesses centros visa a uma reabilitação motora, uma cura, um tratamento que possibilite a melhora de uma habilidade ou há pouco perdida ou que ainda não se desenvolveu. A busca principal é pelas especialidades clínicas que atuam no âmbito motor e tenham ligação direta e impacto no processo de reabilitação. Em outras palavras, ninguém vai a um centro de reabilitação porque quer consultar um psicólogo, embora frequentemente seja acompanhado por um no âmbito desse processo de reabilitação. O psicólogo acaba por se ver diante de um lugar de atuação que se equipara ao de um coadjuvante no processo: outras demandas são elencadas como mais importantes, tanto para a família como para a equipe médica e, ainda, às vezes, para o próprio paciente.

Diante desse cenário, em que a demanda em grande parte está relacionada ao tratamento físico, motor e seus comprometimentos orgânicos, a indicação de tratamento psicológico, muitas vezes, é determinada pela equipe e faz parte do protocolo do plano terapêutico. Ou seja, é uma demanda terceirizada. Na maioria das vezes, a família vem encaminhada por um pedido médico, sendo que muitas vezes estes até desconhecem a necessidade de tal encaminhamento.

O psicólogo e a equipe multidisciplinar

Dassoler (2003) destaca que, embora existam mecanismos de trabalho nos quais uma disciplina se imponha hierarquicamente sobre as demais, o que é comum em centros de saúde, esse funcionamento, muitas vezes, pode restringir as intervenções em nome do saber técnico, deixando de lado as particularidades de cada sujeito implicado ali. Nesse sentido, deve-se ter certa autonomia em determinados processos e de fato eleger a importância e o espaço de cada profissional envolvido no trabalho junto a uma criança e sua família, inserida no processo de reabilitação.

Em suas palavras:

> *Ou seja, a condição da importância de um determinado saber ou de seu trabalho não está definida a priori, mas se dará na avaliação e na condução de cada caso, posto que, o que está em jogo não é a supremacia de uma verdade, mas o sintoma enquanto mensagem, pedindo endereçamentos. Ao nos referirmos ao homem enquanto objeto de estudo não me parece que seja o mesmo para as várias disciplinas que dele se ocupam. Sendo assim, é tarefa contínua identificar os pontos convergentes que fazem a ligação entre estes saberes e as linhas que demarcam a diferença e as fronteiras entre estes campos, permitindo ainda assim a sustentação do trabalho. (Dassoler, 2003, p. 20)*

O processo de encaminhamento para o acompanhamento psicológico, em geral, costuma ser feito pelo médico ou definido quando o paciente participa da primeira triagem/avaliação, geralmente realizada por uma equipe multidisciplinar. Nesse procedimento é definido qual será o seu destino dentro de uma instituição de reabilitação. Tais definições e processos seguem um padrão predefinido em que são considerados alguns critérios, como idade, o diagnóstico médico, grau de comprometimento e outros fatores. Dessa forma, é feita a especificação de com quais terapias e acompanhamentos o paciente será atendido e muitas vezes se define o tempo de tratamento. Há, na maioria dos casos, a possibilidade de que esse tempo seja revisto conforme o seguimento do processo de reabilitação.

Assim, fica estabelecido que aquele paciente que chega para iniciar um acompanhamento psicológico já tem um tempo predeterminado de atendimento e uma demanda "preestabelecida", se ele será acompanhado pelo psicólogo e qual categoria é a mais indicada: grupo, orientações, se o atendimento contemplará a participação dos responsáveis etc.

Além do tempo, que geralmente é curto se comparado ao tempo de um atendimento psicológico em um consultório particular ou outros dispositivos, não é raro haver eventos que geram uma interrupção abrupta e, consequentemente, a suspensão dos atendimentos, ocasionados por faltas, desistências e outras situações que interferem na continuidade do processo.

Ainda que muitas vezes o tratamento definido para o paciente seja predeterminado, é imprescindível e importante que se tenha clareza de qual especialidade é mais necessária em determinados casos, no sentido de não expor crianças tão pequenas a inúmeras especialidades, causando uma espécie de divisão do sujeito nas diferentes áreas que irão se ocupar dele nesse processo, num momento tão singular que é a infância. Desse modo, a função da equipe multidisciplinar é propiciar um lugar de troca, em que cada caso seja definido levando em conta suas características próprias, dificuldades e limitações.

A. Jerusalinsky (1997) nos alerta que a proliferação de especialidades tende a fragmentar a criança – em pleno desenvolvimento –, podendo ocorrer um não reconhecimento sobre seu próprio corpo. Isso, por sua vez, pode gerar uma passividade tanto diante de seu tratamento como diante do outro e da própria vida, ao mesmo tempo que a variedade de discursos técnicos submete a criança e a família, muitas vezes dificultando o saber inconsciente dos pais. Ou seja, faz com que seus pais deixem de reconhecer as particularidades de seus filhos e passem a atribuir todas as manifestações destes ao diagnóstico médico, ou à deficiência.

É propício, então, que crianças pequenas ou bebês, em vez de serem dirigidos a todas as especialidades que se façam necessárias num tratamento de criança com deficiência, sejam encaminhados para um acompanhamento em grupo de pais e bebês com um psicólogo e uma especialidade (seja esta a fisioterapia, ou outra elencada). Não é raro vermos bebês que passaram por intervenções precoces, cirurgias ou internações apresentarem forte recusa no contato com pessoas estranhas, demonstrando um grau elevado de sofrimento ao serem tocados por estas. Esse fato também poderá impossibilitar um trabalho motor, ou de outras especialidades que possam ser sentidas como invasivas por essa criança e, consequentemente, por sua família. Assim, torna-se essencial que esse bebê e sua família sejam atendidos num primeiro momento por um psicólogo que possa escutar e intervir no trabalho com os pais e seus filhos, e que gradativamente seja encaminhado para os demais setores.

É fundamental que no trabalho de reabilitação com crianças se possa intervir caso a caso. Mesmo que as instituições tenham seus protocolos e funcionamentos, é preciso ter essa leitura e escuta da singularidade de cada sujeito presente na nossa frente.

É relevante destacar a importância da presença de um psicólogo durante o processo de avaliação de um paciente, principalmente se tratando de crianças, para encaminhamento para um plano de tratamento. Esse é um dos papéis fundamentais desse profissional, que leva em conta os aspectos emocionais e psicológicos e suas particularidades tanto do paciente como também dos pais, num processo de reabilitação. Muitas vezes, no entanto, essa flexibilidade pode ficar comprometida por necessidades institucionais, administrativas e até mesmo técnicas, que não raro costumam se impor diante do trabalho de uma equipe multidisciplinar.

A prática de uma equipe multidisciplinar, além de promover um espaço de troca de saberes, mais do que a busca de uma ação universal, deve ser um lugar onde a clínica do sintoma possa emergir (Dassoler, 1999). Nesse sentido, poder escutar o que está encoberto por determinada manifestação que a princípio a equipe é solicitada a resolver, como o choro de um bebê que não cessa, a recusa de uma criança a realizar determinada terapia ou a usar órteses, a recusa de uma família em atender determinada recomendação médica ou terapêutica, e assim por diante. É o psicólogo que terá essa escuta afinada e preparada para poder escutar para além do sintoma.

Em seu livro *O que pode um analista no hospital?* (2002), Moretto nos conta sobre seu processo de descoberta de seu lugar de atuação num hospital e, particularmente, sobre a demanda que a instituição direciona para o psicólogo. Para a autora, seria uma demanda clara e objetiva, mas muitas vezes distorcida, e que se relaciona e dialoga com uma ação de acalmar, resolver, convencer – em suas palavras "um tapa-buraco". Tais pedidos estão relacionados com a angústia muitas vezes despertada por impossibilidades e impasses dentro do processo de tratamento, que frequentemente são endereçadas àquele que supostamente sabe o que fazer com tais dificuldades: nós, psicólogos!

Para Freud (1926[1925]/1996), a angústia é uma resposta afetiva do eu frente a um perigo eminente que geraria desprazer. Assim, essa instância prepararia os sistemas psíquicos para se defender. A presença desse afeto no trabalho com crianças em tratamento de reabilitação é muito comum no dia a dia, principalmente quando algo que a equipe terapêutica estava programando atingir é impossibilitado por algum motivo: a recusa de um tratamento, a criança que apresenta um comportamento agressivo ou opositor, um choro persistente que dificulta o andamento da terapia. É nesses casos que o psicólogo é demandado para que tais comportamentos sejam resolvidos.

E de que forma o clínico deve se posicionar diante disso? Para a autora, poder escutar o que angustia é o que possibilita que a angústia se dissipe, seja elaborada; dessa maneira, aceitar esse papel do eliminador de angústia, que pode parecer sedutor num primeiro momento, é se colocar num lugar impossível, de absoluto. Assim, pode fazer barreira para que se escute a verdadeira demanda que se apresenta, já que, a princípio, atender a demanda inicial significa calar a queixa. Por outro lado, a solução também não seria dizer *não* ao pedido do médico, da equipe e da instituição. Nas palavras da autora: "dizer não à instituição que lhe pede que lhe obture buracos é, sem sombra de dúvidas perder o emprego, por alguma razão, desejado" (Moretto, 2002, p. 22).

A autora destaca a importância de o psicólogo poder fazer uso de um silêncio responsável, no sentido de não responder imediatamente e nem recusar, mas poder ouvir e transformar o que inicialmente surge como demanda imediata, urgente: algo da ordem do desejo e da possibilidade.

Moretto (2002) ainda nos adverte para o lugar do psicólogo que se vê permeado pelas demandas dentro de uma instituição ou hospital. O psicólogo tem um lugar reservado dentro de uma instituição, mas dentro de um centro de saúde, muitas vezes, esse lugar pode estar misturado a muitos outros, como o do médico, do assistente social, do fisioterapeuta etc. Nesse contexto, a autora destaca que o psicólogo pode ocupar um lugar de ajudante do médico, e que, ao aceitar esse lugar e se colocar nessa posição, corre o risco de perder seu próprio lugar, uma vez que, se o médico não achar necessário solicitar a ajuda do psicólogo, este pode perder seu papel dentro do hospital...

E que lugar seria esse? Destaco que é um lugar fundamental de escuta da subjetividade do sujeito que ali se encontra. Seja lá que idade ele tenha, poder escutar seu sofrimento e seus questionamentos é parte fundamental num processo de reabilitação, sendo a questão psicológica tão importante como qualquer outra. Trata-se de uma escuta única que só pode ser realizada por esse profissional, diferentemente da escuta do médico ou de outros profissionais ali envolvidos, como é o caso de fonoaudiólogos, terapeutas ocupacionais e fisioterapeutas e afins.

A intervenção do clínico versus a demanda institucional

Num centro de reabilitação é muito comum que crianças pequenas apresentem dificuldades em separar-se dos pais e/ou não permitam o manejo das terapias motoras. Outras apresentam questões importantes relacionadas à imagem corporal, ou à sua condição física, outras não aceitam a terapêutica ou o uso de aparelhos e equipamentos indicados pelo médico. Também são comuns casos de sofrimentos entre a dupla mãe/cuidador e bebês, casos em que a família não adere ao tratamento e não segue as recomendações médicas ou da equipe terapêuticas, para citar alguns exemplos.

Em meio a tanta diversidade, a atuação do psicólogo dentro de um centro de reabilitação sugere um manejo diferente, muitas vezes na contramão do que a demanda institucional (médicos, equipe) solicita. Alguns casos de crianças pequenas que têm indicação de amputação de um dos membros, por vezes com malformações, chegam para atendimento a fim de que o psicólogo faça a liberação para esse procedimento: amputar esse membro "disfuncional" para a colocação de prótese. Não é raro, porém, que a criança tenha uma relação com aquele membro, que, mesmo sem a funcionalidade esperada, faz parte de seu corpo, tem uma representação simbólica para ela.

Muitas vezes o posicionamento do clínico pode se opor às demandas tanto médicas como familiares, mas é imprescindível que a escuta e o compromisso tenham como direção a ética com esse pequeno sujeito que nos dispomos a atender.

O operador clínico fundamental que permite o encontro entre o psicólogo e seu paciente é sua disponibilidade em atendê-lo – assim como, do outro lado, deve haver realmente uma demanda por parte do paciente, o interesse de saber sobre si mesmo, sobre seu sofrimento, sobre seu sintoma. A partir de então, será possível realizar o atendimento de quem quer que seja, onde quer que estejamos. Pois o encaminhamento nem sempre significa que há uma demanda real de atendimento; muitas vezes o que indica o encaminhamento pode ser algo manifesto, e só a escuta do psicólogo pode transformar essa primeira queixa em verdadeira demanda.

Vitória e as tardes de passeios: para além da queixa inicial

Trago um breve recorte de um caso atendido por mim: Vitória (nome fictício), de 6 anos, chega para atendimento no setor por causa da recusa em usar um aparelho que a ajudará a ser mais independente e autônoma para andar.

Vitória possui um diagnóstico médico de mielomeningocele,[1] uma malformação na coluna espinhal nos primeiros dias de vida do feto, que compromete as funções motoras dos membros inferiores, vesicais e, muitas vezes, causa a diminuição da sensibilidade, assim como outros comprometimentos. Tal condição necessita de intervenções cirúrgicas nos primeiros momentos de vida para fechamento da coluna. A criança necessitou de internações nesse momento e seguiu com o acompanhamento de um neurocirurgião durante seus primeiros anos de vida.

Em seu caso, no entanto, havia a possibilidade do uso desse aparelho, que a auxiliaria na marcha, dando maior sustentação para seus quadris e pernas. Havia alta expectativa da família com relação ao uso do aparelho e quanto aos possíveis ganhos que Vitória poderia alcançar. O pedido que chega ao psicólogo é que a convença ou que "dê um jeito" para que essa criança use o que foi determinado no plano terapêutico e que será benéfico para ela. Os pais, por sua vez, estavam muito angustiados e preocupados com essa recusa da filha, que corria o risco de perder um tratamento tão esperado por todos, com o aparelho que poderia facilitar ou propiciar à filha a tão esperada marcha, desejada por eles. Vale lembrar que em um tratamento com crianças, além da expectativa e dos desejos por parte da família, há também investimentos financeiros altos. São aparelhos com alto custo, assim como cadeira de rodas, órteses etc., que muitas vezes são custeados pela própria família.

Vitória chega para o atendimento junto à mãe, e noto que, ao mesmo tempo que mostra interesse e curiosidade em explorar os brinquedos apresentados, revela certo receio em se afastar da mãe e se aproximar de mim. Após o incentivo e insistência desta, a criança consegue ir atrás dos brinquedos e permitir minha entrada na brincadeira. Aos poucos foi conseguindo

---

1 Tipo de defeito no fechamento do tubo neural em que há falta de fechamento do canal vertebral e displasia da medula espinhal (Fernandes, Mendonça & Santos, 2007).

se vincular a mim, e precisando cada vez menos da participação da mãe em nossas brincadeiras.

As sessões iam se intercalando entre cuidados com as bonecas e "passeios" pelos corredores, quando Vitória aceitava ir comigo sem a mãe, utilizando o aparelho para essa atividade. Nesses passeios, íamos visitar alguns colegas, terapeutas e brincar no jardim. Conforme as sessões se sucediam, ficava mais claro que a mãe também se tranquilizava com a possibilidade de a criança aceitar ou não o uso do aparelho, naquele momento, assim como também poder se distanciar dela.

Ao escutar o que estava por trás dessa recusa, foi-se desvendando uma fantasia em que a criança acreditava que, se passasse a andar sozinha, não teria mais a presença maciça da mãe, que a ajudava integralmente em seus afazeres e na companhia de quem a criança obtinha muito prazer. Dessa forma, foi possível então atuar e trabalhar essa questão com a dupla mãe-criança. Aos poucos Vitória pôde ir descobrindo as vantagens e prazeres em ter certa autonomia e independência em relação à sua mãe, e poder fazer as coisas em seu próprio nome, à sua própria maneira.

É fundamental destacar aqui que, se cairmos imediatamente naquilo que é demandado ao psicólogo – por exemplo: que cale esse choro, que ajuste esse comportamento, mude o comportamento dessa mãe que não impõe limites ao seu filho –, corremos o risco de perder a oportunidade de escutar o que está por trás da demanda inicial e, assim, poder fazer com que o paciente se aproprie de seu corpo e de seu processo de reabilitação, e possa fazer parte desse processo de maneira ativa e desejante.

O trabalho com os pais no tratamento de crianças com deficiência física se faz extremamente necessário, uma vez que é a partir de suas representações e elaborações acerca desse filho e de sua deficiência que poderão dificultar ou facilitar o processo de elaboração da própria criança sobre sua condição e, dessa forma, poder se apropriar de seu corpo.

Lucas: conversas para além das palavras

Lucas (nome fictício) é um rapaz de 18 anos, com diagnóstico médico de paralisia cerebral do tipo córeo-atetoide,[2] em decorrência de uma anóxia pós-natal em conjunto com uma prematuridade. Essa condição acarreta, de forma geral, um comprometimento motor dos membros, na fala, assim como movimentos involuntários frequentes. No caso de Lucas, tais movimentos o limitavam para ter uma ação coordenada mais fina e precisa, utilizava cadeira de rodas, mas não a conduzia de forma independente por causa dessas dificuldades na coordenação. Necessitava de auxílio para realizar a maioria das atividades diárias. Do ponto de vista intelectual, Lucas mantinha esse aspecto preservado e realizava as atividades como qualquer garoto de sua idade. Frequentava a escola, ia nos campos de futebol com o pai aos finais de semana, implicava com a irmã mais nova e tinha discussões frequentes com a mãe no dia a dia. Cenário comum para alguém de sua idade, em que os conflitos entre gerações são frequentes e a presença das figuras de autoridade pode ser sentida como desagradável e hostil.

Lucas chega para acompanhamento individual após ter sido submetido a um processo cirúrgico extenso e muito doloroso. Passou por extensas cirurgias ortopédicas que foram necessárias para alinhamento dos quadris e pernas, assim como para melhorar seu posicionamento na cadeira de rodas. O processo de cicatrização foi extremamente doloroso e longo, relembra a mãe na primeira entrevista. Durante o pós-operatório, fazia sessões de fisioterapia algumas vezes na semana. O encaminhamento ao setor de psicologia se fez necessário devido a dor que sentia e que o impedia de fazer a fisioterapia algumas vezes, como também pelo fato de que tanto a família como a equipe

2 Também conhecida como hipercinética, caracteriza-se por movimentos involuntários, coreicos e atetósicos, que tendem a ocorrer associados, desaparecem durante o sono e são exacerbados por fatores emocionais. Quando apresentam um ato motor voluntário, os movimentos se apresentam descoordenados e com dificuldade para manter a direção específica, os movimentos involuntários apresentam distribuição simétrica e difusa no corpo, acometendo os membros e principalmente a face, o que se evidencia pela presença de caretas. Observa-se dificuldade na articulação da fala, disartrias e variação na fluência e entonação (Abreu, Monteiro & Valenti, 2015).

achavam que Lucas estava um pouco deprimido e com pouca disposição para retornar à escola e às suas atividades do cotidiano.

A primeira entrevista foi realizada somente com a mãe, que trouxe as informações referentes ao processo cirúrgico, pós-operatório em casa e o retorno para a reabilitação na instituição. Sua fala continha preocupação e angústia ao relembrar do dolorido processo e da difícil cicatrização que o filho passou. Relata que, mesmo com os remédios mais fortes, Lucas sentia muitas dores, o que fez com que o retorno para as terapias nesse período fosse também prejudicado. Relata que viu o filho muito deprimido e desanimado; "nem parecia a mesma pessoa, tão alegre e implicante!" (*sic*). Aos poucos, porém, foi mostrando ligeira melhora após retornar para a instituição de tratamento.

Chega a primeira sessão com Lucas. A mãe pergunta se deve ficar; ele claramente faz sinal de negativo com a cabeça e entra sozinho na sala comigo. Cumprimento-o, e ele, educadamente, aponta a cabeça para mim. Brinco que a mãe já teve seu momento, e que a partir de agora seríamos apenas nós dois. Lucas não se comunicava verbalmente devido a um comprometimento motor que afetou a coordenação da fala. Penso por alguns segundos como faremos então para nos comunicarmos. Ele utiliza uma prancha de comunicação que contém símbolos que significam ações, verbos e toda a cadeia de comunicação por meio desses símbolos. O alfabeto também está presente. Após uma varredura com os olhos, é possível ir formando as palavras e as frases.

Apesar de já ter utilizado a prancha com algumas crianças durante os atendimentos, aquele era um caso peculiar: tratava-se de um jovem adulto que havia passado por um processo traumático e estava ali, ávido para falar com alguém que o pudesse escutar para além de sua voz, por meio de uma pasta de papelão que trazia consigo.

Os movimentos involuntários muitas vezes entravam como um fator extra, com frequência tentava apontar para um símbolo, mas a mão logo em seguida interferia. Fui percebendo que ele foi ficando um pouco incomodado e ansioso, e eu também... Da minha parte, não queria demonstrar que estava com dificuldades para acompanhá-lo, no entanto, negar que isso estava acontecendo não ia nos levar a lugar nenhum. Interrompo-o e peço a ele que espere um pouco, digo então que ele terá de ter um pouco de paciência comigo, que me esforçarei ao máximo, pois quero muito saber o que ele tem para me contar, e digo que aos poucos vamos conseguir nos entender... Tal colocação parece ter tido um efeito imediato sobre ele e sobre mim, que passou a me mostrar a prancha e tudo que possuía nela; eu, por minha vez, aos poucos fui me apropriando também desse funcionamento do instrumento.

As sessões iam acontecendo dessa forma. Geralmente ele iniciava a sessão me mostrando como estava se sentindo, em seguida, após meu questionamento ou apontamento, ele conseguia relatar os acontecimentos de sua semana, ou algum assunto que ele gostaria de tratar na sessão por meio dos símbolos ou das letras do alfabeto. Por outro lado, eu me preocupava em não inferir em suas colocações. Quando não achávamos um símbolo que pudesse exprimir o que buscava, ele ia pelas letras. Conforme nos afinávamos, os temas das sessões se diversificavam: trazia temas sobre conflitos familiares que tinha com a mãe, as dores que sentia às vezes, mas que foram diminuindo gradativamente conforme ele ia falando sobre elas, sobre seu processo cirúrgico e as terapias que realizava.

Falava sobre como se sentia sendo a única pessoa de cadeira de rodas em sua escola. Dizia ser um contexto em que parecia se sentir adaptado, só ficava bravo ou nervoso quando alguém julgava que ele não conseguia realizar determinada atividade sem antes perguntar a ele. Lucas conseguia se impor e se apropriar de sua condição de sujeito. Apesar de suas limitações, mostrava o que queria e o que não queria, apontava, chamava os outros à sua maneira, fosse acenando a cabeça, fosse emitindo alguns sons. Tinha recursos intelectuais e principalmente psicológicos para poder "falar" por si só de forma ativa e confiante.

Com frequência falava sobre a presença de uma prima de quem gostava muito e aos poucos pôde dizer sobre como se sentia atraído por ela e por outras garotas da sua escola, como também sobre sua vontade de namorar, como faziam seus colegas da sua idade. Às vezes, trazia para as sessões que sua condição poderia ser limitante, mas, apesar de sentir-se triste nessas situações, esse não parecia ser um fator que interferisse em seu desejo e expectativa.

Lucas tinha uma forma interessante de lidar com as situações adversas. Em um primeiro momento, ficava tomado por elas e por vezes desanimado, mas em um segundo momento conseguia rever a situação e, dentro de suas possibilidades, mudar sua própria atitude. Não era o caso de estar em um processo de negação de sua condição física e ainda social (o que já traria certos limites além daqueles que são trazidos para todos), como se poderia supor em uma primeira observação. Havia nele um desejo de estar presente que "encantava" e que o fazia ser protagonista de sua vida, com seus desejos e escolhas.

Frequentava o ensino médio. Naquele ano, ocorreria uma oficina de robótica, e Lucas queria desenvolver um projeto para que as pessoas que possuíam a mesma deficiência que ele pudesse falar com o auxílio de um programa de computador. Além da oficina, a escola abria espaço para que alguns profissionais de diversas áreas pudessem conversar com os alunos sobre os mais variados temas. Pensando nisso, me falou em uma das nossas últimas sessões que gostaria que eu fosse à sua escola falar sobre pessoas com deficiência. Combinei que o faria, mas com a ajuda dele, pois, se alguém sabia mais do que qualquer outra sobre esse assunto, essa pessoa era ele. Entretanto, com a chegada da pandemia de Covid-19, as aulas foram suspensas, assim como o tratamento na instituição. Com as instituições fechadas e sem a possibilidade de ir ao trabalho, um corte abrupto que não estava nos planos encerrou o atendimento.

Considerações sobre os casos clínicos

Utilizei o recorte desses dois casos no intuito de ilustrar alguns pontos abordados até o momento sobre o trabalho institucional, os problemas, as dificuldades, os desafios e as possibilidades. No caso de Lucas, a escuta e o espaço oferecido, independentemente do tempo que pudemos trabalhar juntos, possibilitou que fosse escutado, fazendo circular seu sofrimento, questões e anseios. O encontro só foi possível devido à sua disponibilidade em saber sobre si próprio. Foi possível, além de todas as dificuldades que podiam interferir no processo, escutar o sujeito que habita aquele corpo, sem antecipar nada de antemão. A partir dos encontros e do que o paciente trazia o vínculo pôde se estabelecer e se sustentar em uma escuta de sua singularidade.

A partir das experiências em instituição de saúde e na literatura especializada no assunto, sabemos que a condição física, neurológica e/ou orgânica não é fator decisivo para que uma pessoa se desenvolva física e psicologicamente e seja capaz de atuar no cotidiano como um sujeito singular. De acordo com Coriat (1997), para que uma pessoa se torne alguém com desejos, que queira estar no mundo e fazer laço com o outro, é necessário um trabalho anterior. Trabalho este que deve ser realizado por alguém que aposte nesta singularidade, independentemente de sua condição física, neurológica e orgânica. Isso não implica deixar de lado o fato de que algumas implicações clínicas de ordem motora podem se tornar obstáculos ao desenvolvimento, seja pelos efeitos traumáticos, seja pelas limitações que a gravidade real de um sistema nervoso danificado pode exercer ao desenvolvimento emocional. Prejuízos das estruturas e funções do corpo vão deixando marcas na subjetividade. No entanto, é relevante considerar a "disposição" do cuidador (em geral função executada pela mãe) em se identificar com seu bebê para que ocorra um encontro narcísico e, dessa forma, a relação possa se ampliar para além da imagem do deficiente ou doente, de modo que esse filho seja incluído nos desejos e planos dessa mãe.

Nesse sentido, Amaral (1995) discute a concepção de aceitação para falar da relação da criança com a deficiência e o mundo externo. A autora utiliza o termo "aceitação ativa" para que seja possível acolher a deficiência e incluí-la na "esfera da vida" e, assim, fazer com esta faça parte da busca das relações com os outros, das vivências afetivas e sociais, de descobertas e de possibilidades no caminho da independência e autonomia possíveis. Esse processo só se fará possível por meio de ações adaptativa, mas não apenas, pois é necessária uma "construção conjunta": "Para sua efetivação em muito contribuirá a qualidade dos primeiros vínculos e das primeiras experiências. Assim como muito contribuirão os vínculos e experiências subsequentes" (p. 87).

Poder incluir esse filho e apostar um lugar possível para ele dentro cenário familiar é um passo importante nesse caminho. Dessa forma, arrisco dizer que Lucas pôde contar com uma família que passou por todo o processo de luto e por dificuldades, mas que pôde fazer com que o jovem tivesse um lugar na família e que pudessem ter expectativas e sonhos com relação às suas possibilidades e desejos.

No caso de Vitória, por outro lado, algo se estabeleceu entre mãe e filha que indicava que uma não poderia ficar longe da outra. O nascimento com um comprometimento orgânico, que necessitou de cirurgias e intervenções tão precocemente, o que causou, consequentemente, um distanciamento entre as duas, indicava a impossibilidade de um distanciamento. A intervenção clínica, nesse caso, foi na direção de poder escutar essas fantasias tanto da criança como de sua mãe, para, assim, o que era traumático poder circular e dar lugar a outras possibilidades. J. Jerusalinsk (2002) discute que intervir em sintomas de crianças e bebês só é possível se houver uma implicação mínima dos pais, de modo que "cada um se interrogue sobre o que têm a ver com o sintoma do filho. Pode-se, a partir daí, abrir espaço para que sejam escutados, que poderá intervir em momentos cruciais de sintomática parental" (p. 201).

A estrutura relacional que os pais estabelecem com seu filho nos primeiros anos de vida pode propiciar ou impossibilitar o nascimento de um sujeito que mostre o que deseja, que tenha interesse em brincar e se relacionar. No caso de uma criança que nasce com deficiência ou problemas neurológicos e/ou orgânicos, é importante que os pais tenham a possibilidade de descobrir que seu filho é diferente do que esperavam, mas que podem desejar e ter momentos de satisfação.

No caso de Lucas, este parecia ter um papel de protagonista em sua vida, fazia suas escolhas, tinha seus posicionamentos e era ouvido e levado em conta em seus desejos e opiniões. Dessa maneira, podia transitar em seu meio social, ser presente e ativo com seus pares. Tinha planos e expectativas para o futuro, queria viver e amar! Possibilitar que ele fosse escutado e pudesse se expressar por meio de seu traço, de sua maneira de existir deu voz às suas angústias e medos. As dores que eram frequentes foram diminuindo também, fato que, consequentemente, o auxiliou no processo de reabilitação. Nesse período pós-cirúrgico, a palavra pôde incluir o corpo na dimensão simbólica, além da orgânica.

Considerações finais

O objetivo deste texto foi poder trazer contribuições a partir da prática clínica sobre as vivências do psicólogo dentro de um centro de reabilitação, com os problemas, impasses e possibilidades. Esse é um assunto vasto e complexo, que pode ser discutido por diferentes perspectivas.

Na prática institucional, as condições conhecidas por nós como ideais na clínica habitual, como um *setting* estruturado, silencioso, organizado, um tempo para que o trabalho clínico se desenvolva, por exemplo, nem sempre são possíveis de encontrar. Nesse contexto, nos vemos confrontados com problemas, demandas e condições de trabalho muitas vezes desfavoráveis. A diversidade de especialidades clínicas e de discursos presentes nas equipes profissionais podem limitar a atuação do psicólogo, assim como as condições organizacionais, com seus modos de funcionamento, regras e objetivos, também delimitam as condições de nosso trabalho.

O discurso médico, dominante nos centros de saúde, tende muitas vezes a abafar a singularidade daquele que vem em busca de tratamento. Trabalhar com uma equipe multidisciplinar, com seus diferentes discursos, faz que o psicólogo possa assumir o papel de porta-voz da subjetividade do paciente, que estrapola seu corpo. Oferecer uma escuta diferenciada, levando em consideração suas características e possibilidades, proporciona um lugar singular subjetivo a cada um. Escutar o desejo promove uma mudança de posição, possibilitando mais relações simbólicas que contribuirão para a construção de um lugar de protagonista da pessoa com deficiência frente ao seu processo e para uma maior implicação no tratamento de reabilitação.

Portanto, articular nossos saberes com os dos demais precisa seguir a direção de fazer valer a singularidade daquele que busca atendimento. É a partir também do desejo do profissional ali implicado em cada caso que se pode manejar os desafios e impasses de um trabalho de reabilitação, ampliando assim o olhar sobre a lógica de funcionamento institucional e da atuação do clínico nesse contexto.

Referências

Abreu, L. C., Monteiro, C. B., & Valenti, V. E. (2015). Paralisa cerebral, parte I. In L. C. Abreu, C. B. Monteiro & V. E. Valenti (Orgs.), *Paralisia cerebral: teoria e prática* (pp. 31-88). Plêiade.

Amaral, L. A. (1995). *Conhecendo a deficiência (em companhia de Hércules)*. Robe.

Coriat, E. (1997). *Psicanálise e clínica de bebês: a psicanálise na clínica de bebês e crianças pequenas*. Artes e Ofícios.

Dassoler, V. A. (2003). Interdisciplinaridade: o saber que falta. *Correio da APPOA*, (120), 17-22.

Fernandes, A. C., Mendonça, A. B., & Santos C. A. (2007). Defeitos de fechamento do tubo neural. In M. E. P. Casalis, A. C. Fernandes, S. K. Herbert, & A. C. R. Ramos (Orgs.), *AACD medicina e reabilitação: princípios e prática* (pp. 141-160). Artes Médicas.

Freud, S. (1926 [1925]/1996). Inibições, sintomas e angústia. In S. Freud, *Edição standard brasileira das obras psicológicas completas de Sigmund Freud* (Vol. 20, pp. 79-168). Imago.

Jerusalinsky, A. (2007). *Psicanálise e desenvolvimento infantil: um enfoque transdisciplinar*. Artes e Ofícios.

Jerusalinsky, J. (2002). *Enquanto o futuro não vem: a psicanálise na clínica interdisciplinar com bebês*. Álgama.

Moretto, M. L. T. (2002). *O que pode um analista no hospital?* Casa do Psicólogo.

8. O atendimento da família na promoção do desenvolvimento da criança com deficiência

Vitor Franco

O modo de entender as respostas às necessidades das crianças com deficiência tem-se alterado significativamente ao longo das últimas décadas, acompanhando os desafios das mudanças sociais, científicas e tecnológicas do mundo em que vivemos.

No passado foi preponderante um modelo de reabilitação centrado nos déficitss da criança, que estipulava uma intervenção clínica de estimulação. Os profissionais, terapeutas, médicos, psicólogos ou professores eram vistos como detentores dos saberes e competências necessários para promover o desenvolvimento da criança, levando-a a atingir a situação de máxima capacitação e de remoção dos referidos déficits, pressupondo que para cada transtorno haveria um conjunto de técnicas ou tratamentos adequados, eficazes e universais.

O conceito central do processo era o de tratamento, e essa forma de entender a intervenção decorria de uma visão da deficiência como algo inerente e intrínseco à criança, um problema ou algo que estava errado e disfuncional nas funções ou estruturas do seu corpo.

Essa perspectiva tem mudado, a partir dos anos 1980, particularmente pela forma como a Organização Mundial da Saúde (OMS) passou a definir a deficiência, não a restringindo às alterações nas estruturas e funções do corpo, mas colocando em realce as atividades e a participação da criança no seu contexto de vida. No entanto, foram se mantendo as opções de intervenção centradas nos profissionais e no seu saber técnico sob a forma de tratamento, embora a legislação brasileira tenha registrado que:

> *essa nova abordagem representa um outro marco significativo na evolução dos conceitos . . . na medida em que propõe uma nova forma de se encarar as pessoas com deficiência e suas limitações para o exercício pleno das atividades decorrentes da sua condição. Por outro lado, influencia um novo entendimento das práticas relacionadas com a reabilitação e a inclusão social dessas pessoas. (Brasil, 2008, p. 9)*

Essa outra forma de entender a deficiência e os transtornos de desenvolvimento tem sido sempre mais lenta na sua implementação, no entanto integra tudo aquilo que sabemos hoje sobre como a criança se desenvolve, não havendo uma teoria do desenvolvimento normal e uma teoria do desenvolvimento para as exceções ou as pessoas com deficiência.

Assim, o conceito de estimulação como a base da intervenção inicial revelou-se, não só claramente insuficiente e incapaz de atender às necessidades de desenvolvimento e inclusão da criança com deficiência, como também inadequada face ao conhecimento científico acerca de como o bebê participa ativamente no seu próprio processo de desenvolvimento, não sendo nunca um receptor passivo de estímulos.

Por outro lado, os transtornos de desenvolvimento e a deficiência são uma condição para toda a vida, com implicações em todas as dimensões do cotidiano da pessoa, havendo uma interação permanente entre as condições do ambiente e as da criança (Bronfenbrenner, 1999). Uma perspectiva de intervenção que integra as abordagens relacionais, sociais e ecológicas do desenvolvimento infantil e acentua que este é um processo contínuo e para o qual contribuem todas as experiências de vida da criança, no seu dia a dia e nos contextos em que se encontra.

Sabemos hoje, claramente, como os pais são os principais promotores do desenvolvimento dos seus filhos, tendo um papel insubstituível e um impacto que nenhum profissional poderá jamais obter. Por isso, a intervenção precoce passou a ter uma leitura mais alargada e abrangente, incompatível com a antiga designação de estimulação precoce, sendo agora a família o centro da intervenção e os contextos de vida da criança o lugar plural onde o desenvolvimento ocorre (e não mais um lugar específico e desligado da vida do dia a dia) (Dunst et al., 2000; 2006). Por essa razão também, a intervenção precoce passou a ter de integrar a colaboração de múltiplos profissionais, exigindo que trabalhem de uma forma coerente e coordenada, com uma tendência transdisciplinar, ou seja, que ultrapassa os limites clássicos da fragmentação disciplinar, e que o façam em articulação permanente com a família.

É nesta perspectiva que os pais têm de ser compreendidos: eles são chamados para o centro da intervenção (por isso muitas vezes este modelo é chamado de centrado na família), mas isso não significa que eles passem a ser os responsáveis pelos procedimentos dos técnicos e terapeutas, substituindo-os. Eles são chamados a ser, antes de mais, pais, desempenhando o tal papel imprescindível e insubstituível no desenvolvimento e progresso dos seus filhos.

Um mau entendimento do que isto significa pode levar a que os pais sejam ainda mais carregados com tarefas, exigências, imposição de competências, que, em vez de os tornarem mais aptos para terem um papel central no desenvolvimento das crianças, os tornam mais inquietos, inseguros, desgastados, confusos, evitantes ou desinvestidos. Há, por tudo isso, que repensar e operacionalizar o lugar dos pais das crianças com deficiência e, consequentemente, como os profissionais os podem ajudar a ser mais pais, desempenhando melhor o seu papel parental e cuidando do seu próprio desenvolvimento como pessoas.

A deficiência no processo de desenvolvimento dos pais e da criança

Os processos de desenvolvimento da criança com deficiência e dos seus pais estão intimamente interligados (Franco, 2016). No momento do diagnóstico, quando se identifica que há algo atípico no desenvolvimento da criança, um novo ciclo se inicia, e a forma como pais, profissionais e serviços o vão enfrentar vai ter implicações diretas no modo de trabalhar e atender às necessidades não apenas da criança, mas também dos seus pais e da família em geral.

Podemos dizer que esse momento marca uma crise. Não é demais insistir que crise e problema, ou emergência, são coisas bem diferentes. Enquanto uma emergência, por pior que seja, e mesmo que urgente e grave, é algo para ser tratado e resolvido, de modo a que tudo volte ao que era antes, a crise significa uma mudança sistêmica, de fundo, em que não é possível o retorno ao ponto de equilíbrio anterior. Por outras palavras: nada volta a ser como antes no funcionamento da família e no ciclo de vida das pessoas que a constituem. A ideia de emergência e problema era a mais adequada a uma perspectiva de diagnóstico-tratamento (em que se procurava resolver, parcial ou totalmente, o problema), a de crise nos leva por um outro caminho.

É a compreensão desta crise que nos permite começar a mudar a forma de olhar para a criança com deficiência e a sua família. Nesse processo estão implicados e comprometidos tanto o desenvolvimento de um como de outros, e o que vai acontecer marcará a forma como se vão relacionar (Figura 8.1).

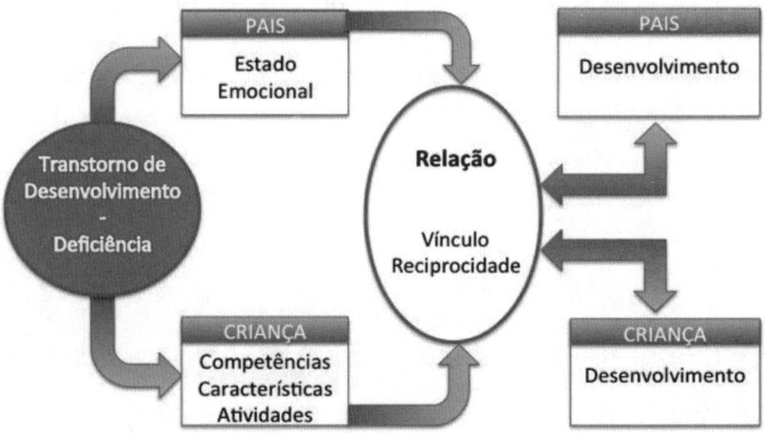

Figura 8.1 A deficiência no processo de desenvolvimento de pais e criança.

No que se refere à criança, o reconhecimento da deficiência tem implicações inevitáveis ao nível de suas estruturas, funções e atividades. Aquilo que vai decidir o diagnóstico é essa alteração das competências da criança:

motoras, cognitivas, sensoriais ou comportamentais. A criança não é, no entanto, passiva no seu processo de desenvolvimento, pois ela participa na sua construção por meio das ações que empreende e das interações que estabelece, usando, nessa atividade, as competências de que dispõe. Temos então de admitir que se essas competências, que marcam as suas relações, estão alteradas pela deficiência, então todo o processo é desafiado: a sua relação com o mundo, os objetos e as pessoas vai depender da sua condição (diagnóstico sindrômico) e competências específicas (diagnóstico funcional). Assim, a forma como ela pode organizar a sua ação continua a marcar o seu desenvolvimento, o qual se vai fazer no quadro de uma interação, relação ou transação (Sameroff & Fiese, 2000) em que a criança age perante os outros e o mundo e, em retorno, recebe informação, afeto etc. A alteração das suas funções sensoriais, motoras, intelectuais ou emocionais vai mudar a forma como ela se pode relacionar com o mundo e as pessoas. Se as competências de comunicação, cognitivas ou de controle do comportamento estão atingidas, então essa relação fundamental e constitutiva do desenvolvimento está ameaçada: tanto naquilo que a criança é capaz de receber como na forma como é capaz de agir e responder no contexto das suas interações.

Do lado dos pais, essa crise inicial também abre caminho a um processo de mudança e adaptação. Inaugura um período de sofrimento emocional quer pelas expectativas que tinham em relação ao seu filho (idealização) e que eram fundamentais para a construção do apego, quer pelas interrogações e incertezas que tal diagnóstico vai desencadear.

Sabendo que as situações de desafio emocional e de sofrimento mental interferem inevitavelmente no funcionamento e no comportamento, teremos de nos interrogar sobre como os pais irão digerir a sua dor de forma a poderem entrar em relação e ter um papel ativo e efetivamente promotor de desenvolvimento.

A literatura (Dantas et al., 2019) mostra que o impacto familiar do diagnóstico inclui sentimentos aflitivos nos membros da família, com consequências ao nível do estresse, saúde e bem-estar, mudanças na dinâmica familiar com desgaste nas relações, e ainda dificuldades de vária ordem, nomeadamente financeiras, e de restrição social por enfraquecimento da rede de suporte social. Há, no entanto, grande variabilidade em função dos processos de adaptação individuais de cada membro da família, das características desta, como a sua coesão, e da forma como vivem e enfrentam a situação (Rentink et al., 2007).

Temos, então, tanto a criança como os seus pais envolvidos numa relação que vai ser promotora de desenvolvimento para todos. Em que o vínculo e a responsividade dos pais é elemento central para que a criança possa explorar o mundo, aprender, sentir-se segura e tornar-se mais competente, e em que o envolvimento com a criança e o reconhecimento das suas qualidades terá de permitir que os pais reencontrem o caminho do seu equilíbrio emocional e do desenvolvimento pessoal.

O desenvolvimento emocional dos pais

Compreender e ter presente o que acontece do lado dos pais na procura da retomada e continuação do seu processo de desenvolvimento é, portanto, fundamental para pensarmos a organização dos serviços.

A Figura 8.2 sintetiza um modelo de compreensão do que ocorre na adaptação individual à deficiência em que o elemento nuclear é a crise (Franco, 2009; 2015). Nele se situam e se descrevem dois processos fundamentais de elaboração e ultrapassagem dessa crise: a elaboração da desilusão e o reinvestimento emocional da criança.

O primeiro, a elaboração da perda e desilusão, ou luto, corresponde ao abandono das idealizações iniciais (que os pais construíram quando imaginaram e desejaram o seu futuro filho), sem o qual a presença do bebê idealizado vai permanecer como elemento perturbador da relação dos pais com o bebê/criança com deficiência, porquanto vai estar sempre presente como comparação, desilusão ou alvo ainda a alcançar, mas, em qualquer caso, perturbador da relação consigo mesmos e da forma de se olharem e de verem a vida.

O segundo processo é o da reidealização, ou reinvestimento, ou seja, da descoberta do bebê com deficiência como portador de futuro, esperança, qualidades estéticas (que permitem olhá-lo e gostar dele) e capacidades (que lhe permitirão crescer). Só estando disponíveis para investir emocionalmente a criança real os pais podem aceder à relação com ela de um modo saudável, equilibrado e promotor de desenvolvimento, em que as dimensões fundamentais são o apego e a sincronia.

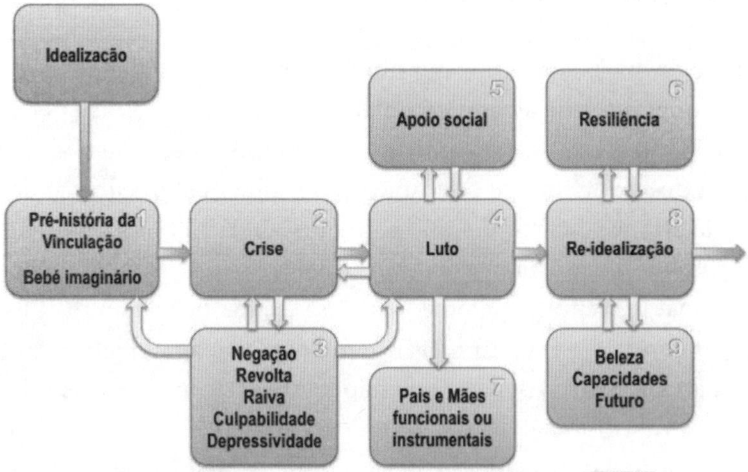

Figura 8.2 Adaptação dos pais e mães à deficiência. Fonte: Franco, 2009.

Ao mesmo tempo, os pais podem lidar melhor com os sentimentos depressivos e afastar-se das respostas iniciais de negação (e denegação), revolta, culpabilização massiva e desvalorização pessoal. Feridas que, se não forem saradas, então sim, podem permanecer ao longo da vida como formas patológicas de lidar consigo mesmo, os outros e o mundo em geral.

Por outro lado, não é suficiente chamar os pais a "fazer coisas" em benefício da criança, reduzindo-os a meros instrumentos ao serviço das necessidades desta. Nesse caso também não estarão em condições de conduzir o seu próprio desenvolvimento, razão pela qual as intervenções mais diretivas, baseadas apenas na aquisição de competências, não correspondem, frequentemente, a melhor saúde e bem-estar nos pais em longo prazo, embora pareçam resultar bem inicialmente.

Princípios gerais para o trabalho com os pais

a) Despatologização do desenvolvimento dos pais e das crianças

As crianças de que falamos são, por norma, coladas a um diagnóstico. No entanto, qualquer que seja a condição, a deficiência, a doença ou a perturbação que as afeta, todas elas são, antes de mais, crianças. Daí que a despatologização do seu desenvolvimento seja um passo fundamental. Olhar o desenvolvimento da criança a partir de uma patologia tende a criar a ilusão de que se conhecermos o diagnóstico saberemos qual a solução e, consequentemente, o que deve ser feito (o tratamento). Essa é uma falácia e uma ilusão que leva frequentemente a investir mais nos quadros psicopatológicos do que nas crianças em concreto. É notório que não há duas crianças com síndrome de Down iguais ou como não há duas com paralisia cerebral e, por isso, é ilusão pensar que todos vão aprender ou progredir de igual forma, no mesmo ritmo ou do mesmo modo. Esse modo de olhar o desenvolvimento e a condição da criança não oferece aos pais ou profissionais uma forma adequada e abrangente de encarar a sua vida e/ou das suas crianças. Claro que o diagnóstico é importante porque clarifica a etiologia, permite conhecer os limites e contornos da problemática ou conhecer o que é comum, mais típico e mais ou menos frequente nesse conjunto de crianças, contudo, não decorre daí um tratamento universal aplicável a todos os que têm o mesmo diagnóstico, ou uma prática educativa ou de inclusão.

Podemos afirmar que a deficiência é algo bem diferente de uma doença, porque ela afeta todo o ciclo da vida, em todas as suas áreas e para sempre. Nessa medida, nunca tem cura nem se restringe a um tratamento; não há um tratamento para a síndrome de Down, como não há para a paralisia cerebral ou a deficiência auditiva, porquanto todas essas condições vão colocar permanentes exigências em todos os domínios da vida, com melhor ou pior sucesso. Este é o desafio da inclusão: enfrentar, ao longo da vida, os desafios de viver em múltiplos e distintos contextos, em condições de participação mais plena possível.

Se a condição das crianças se beneficia em ser despatologizada, mais ainda o lugar dos pais. Muito do senso comum tende a atribuir qualidades especiais a estes pais: heróis, pessoas excepcionais ou escolhidas para uma missão ímpar. Aparentemente tal seria uma valorização da sua resistência ao sofrimento e ao fardo de ter uma criança com tais condições. Mas esconde a negação de que tais pessoas são como todas as outras, com fragilidades e fraquezas, frustrações e sonhos, e que necessitam dos outros para que as apoiem e da solidariedade de todos os que as rodeiam, e não apenas da admiração incongruente e desinformada.

Também muito do senso comum científico atribui a esses pais mais depressão, ansiedade ou *burnout*. Muitos estudos têm sido dedicados a identificar e medir o impacto psicopatológico dessas pessoas relacionado com a deficiência dos filhos (Dantas et al, 2019). É óbvio e expectável que, tanto ou mais que a população em geral, eles enfrentem sentimentos depressivos, ansiedade ou situações de esgotamento físico ou emocional, mas saber isso pouco esclarece quanto ao modo como ajudar esses pais e mães e como se relacionar com eles.

Tanto em um caso como noutro, estamos substituindo a efetiva compreensão das suas necessidades por um novo rótulo. O risco é assumir que todos são depressivos, todos são ansiosos ou estão esgotados e se comportam em função disso. Muitas vezes mães e pais nos dizem isso mesmo: como alguns profissionais os ignoram ou desvalorizaram por serem "ansiosos" ou "deprimidos", não podendo, por isso, ser os clientes ideais dos técnicos nem os pais ideais para os seus filhos. Risco enorme e frequente que leva, por um lado, a que não cuidemos deles para nos ocuparmos apenas dos tratamentos dos filhos e, por outro, em vez de os empoderarmos, apelamos ao seu desinvestimento e a que entreguem as crianças a quem supostamente as sabe tratar.

A despatologização do desenvolvimento dos pais é assim condição necessária para os entendermos como pessoas em desenvolvimento. Não os tratando como depressivos, ansiosos, esgotados ou indecisos mais facilmente poderemos ajudá-los na sua missão de cuidar, educar e desenvolver as suas crianças.

b) Três tempos da angústia dos pais face à deficiência

O processo de adaptação é assim um percurso de desenvolvimento. Ocorre ao longo do tempo, num período longo que é o curso da vida. É um processo temporal com descontinuidades e com diferentes momentos. A perspectiva temporal dos pais está abalada nesse processo de desenvolvimento em que passado, presente e futuro colocam diferentes tipos de questionamento.

Muita da ambiguidade relativa ao processo de adaptação dos pais talvez resulte de não se situar a natureza temporal das angústias relativamente aos momentos a que se referem.

As angústias relativas ao passado remetem ao que aconteceu no passado, integram a angústia dos possíveis futuros, mas também derivam da criança atual, ou porque os pais eternizam a idealização, ou porque sentem a perda do objeto construído internamente com o sofrimento depressivo inerente. Inevitavelmente esta criança situa-se no passado do desenvolvimento dos pais: num momento em que o diagnóstico teve impacto, quando foi dada a notícia do nascimento, e quando as expectativas que existiam eram outras. A questão central, nesse caso, e como vimos, é a da resolução da crise pela não concretização das expectativas (aliás, pela muito grande diferença entre as expectativas e a realidade da condição/deficiência). Muitos pais rejeitam o termo "luto" para designar esse processo. Será apenas uma forma de falar sobre a elaboração da perda e o afastamento do passado. Nem todas as perdas são catastróficas, e muitas crises trazem até mudanças que conduzem a opções bem melhores. Por isso, se falamos de luto, é como elaboração da perda, organização do passado, e não como renúncia ao filho ou perda do filho.

No domínio do presente, a natureza das angústias é diferente. Os profissionais e os seus programas têm de ajudar a situar e responder às solicitações atuais da criança e dos pais: como conciliar a vida profissional, social, afetiva e emocional com a condição do filho. Não poucas vezes a exigência que prescindam ou ignorem todos os domínios da sua vida para cuidar dos filhos está na gênese dos desequilíbrios e das rupturas pessoais e familiares. As questões centrais serão: quem sou eu? E o que posso fazer?

Em terceiro lugar encontramos as angústias relativas ao futuro, que englobam as interrogações para as quais não há resposta: o que vai ser do meu filho(a) no futuro? Não há resposta para esses pais, como não há para quaisquer outros. A construção do futuro é um projeto de vida que tem de englobar igualmente os projetos profissionais, sociais etc. É nessa abordagem do futuro que a presença do filho com deficiência ganha outro significado; é uma dimensão de esperança e construção.

Um programa de atendimento dos pais deve assim ter em conta as interrogações e dúvidas, mais conscientes ou mais escondidas, relativas ao passado (o impacto da idealização inicial e de tudo o que aconteceu em torno do diagnóstico), as interrogação ligadas ao presente (que sou, quem é o meu filho/a, como vivo a minha vida e como respondo às necessidades do meu filho/a) e as interrogações sobre o futuro (onde quero chegar, quais os projetos pessoais e familiares que mobilizam, além dos projetos para o filho/a).

c) Princípios para a prestação de serviços às famílias

A literatura no domínio da intervenção precoce tem desenvolvido um conjunto de princípios que podem nortear o trabalho centrado na família, e são sintetizados por Pletcher e Younggren (2000):

Em primeiro lugar, ao assumir que o objetivo principal da prestação de apoio centrado na família é o "*empowerment*", que na língua portuguesa deu lugar ao neologismo empoderamento, significando autoridade ou poder dado a alguém para fazer algo. O empoderamento implica um processo de autoconhecimento e autoconfiança: as pessoas desenvolvem a confiança em si mesmas, nas suas competências e características. No pressuposto fundamental de que, ao tornar a família mais capaz, isso vai beneficiar o desenvolvimento da criança e aumentar o bem-estar tanto desta como da família.

Quanto à relação entre o profissional e a família, ela deve caracterizar-se pela confiança mútua, o respeito, a honestidade e a comunicação aberta, respeitando a cultura e valores da família.

Relativamente ao papel e ao lugar da família no processo de intervenção, as famílias terão de ser participantes ativos em todos os aspectos e momentos do processo. São os decisores últimos quanto ao apoio que procuram e a quantidade e tipo de assistência que recebem. A ligação permanente entre famílias e profissionais deve incidir sobre a) a identificação das preocupações das famílias (as suas prioridades, esperanças, necessidades, metas e desejos); b) encontrar e identificar as forças e recursos da família; e c) encontrar os serviços e apoios que podem fornecer os recursos necessários para responder às suas necessidades.

Outro aspecto importante será o desenvolvimento de esforços para construir e usar os sistemas informais de suporte na comunidade, para que a família não dependa totalmente dos serviços formais.

Para tudo isso, é necessário que os profissionais, de todas as disciplinas, colaborem com as famílias para lhe fornecer os recursos mais adequados às suas necessidades. O apoio e os recursos disponibilizados devem ser flexíveis, individualizados e dar resposta às necessidades, em mudança, da família.

Quatorze conceitos nucleares para o atendimento da família

Reconhecer a importância dos pais no processo de desenvolvimento da criança e a necessidade de fazerem o seu próprio caminho evolutivo ainda não é suficiente para os colocarmos no centro do processo, fazendo uma intervenção verdadeiramente centrada na família, nem para definirmos exatamente o que vamos fazer com esses pais e mães.

Vimos que o processo de desenvolvimento dos pais é mais do que aquisição de competências parentais e que todas as suas necessidades e recursos estão em jogo. Por isso, muitas vezes o atendimento dos pais acaba por ser uma orientação vaga, embora bem-intencionada. Algo próximo do apoio empático, mas sem os ajudar a saber o que fazer com os seus filhos, com quem se preocupam e de quem querem cuidar. Outras vezes a abordagem aproxima-se mais de uma intervenção terapêutica, mas a intervenção centrada na família não é terapia familiar; embora possa haver famílias que dela poderiam se beneficiar (ou mesmo necessitar), não é esse o papel dos que cuidam do desenvolvimento da criança, assim como o atendimento dos pais também não é um trabalho clínico, no sentido psicoterapêutico.

Há, no entanto, um conjunto de interrogações que se podem colocar e cujas respostas vão poder constituir marcos para balizar o atendimento e servir de referência para a avaliação dos resultados da intervenção.

O trabalho de acolhimento dos pais face ao diagnóstico inesperado e aos desafios que vão enfrentar se assentará num conjunto de prioridades. Vejamos então essas interrogações que se vão colocar aos profissionais que vão receber essas famílias desde esse momento inicial.

a) O que fazemos com os pais?

Ao iniciar o atendimento, a primeira questão será o que vamos oferecer ou fazer com esses pais que acabam de receber a notícia e estão iniciando um período de crise que abala o seu desenvolvimento. Uma abordagem centrada na família terá de ir ao encontro da situação em que mães e pais se encontram. Três conceitos podem balizar esse trabalho:

1. Acolher: oferecer um espaço empático de escuta do sofrimento de cada um e da família no seu todo (incluindo os irmãos). Sem pressa de resolver nem tentar minorar ou negar o sofrimento. Simplesmente receber, sem a agressão que a comunicação do diagnóstico representou, sem impor nem desvalorizar. E também sem que os profissionais centrem em si aquilo que há a dizer (por exemplo, como trabalham ou as condições do atendimento).

2. Conter: escutar o estado emocional e a dor de cada um dos pais, cada qual com o seu modo de a demonstrar. Prevenir que a crise se instale, se torne em desespero ou confusão, ou que tenha efeitos secundários sobre o contexto (por exemplo, os outros filhos ou o casal).

3. Segurar: dar suporte e segurança, para que os pais saibam que têm nos profissionais aliados, parceiros nos seus processos de desenvolvimento e nos desafios que vão enfrentar. Em quem podem confiar e perante quem podem ser frágeis, inseguros e imperfeitos. Com quem podem partilhar dúvidas e sentimentos, sem medo de serem julgados, criticados ou mal compreendidos, como acontece em muitos outros contextos.

Certamente, depois haverá lugar para mais, para o mútuo conhecimento, para o trabalho em conjunto, mas se não tiverem sido criados estes alicerces corre-se o risco de os diferentes profissionais nunca terem esses pais ao seu lado (sentindo-os estes também ao seu lado).

b) O que pretendemos para a família?

Vimos que não é terapia o que pretendemos para a família, mas que os pais se tornem mais competentes, mais ativos e envolvidos no desenvolvimento da sua criança.

4. Empoderar: aumentar a capacidade dos pais para tomar decisões, bem informadas e fundamentadas, sobre a família e sobre a criança, procurando que tenham o maior domínio sobre a própria vida. Eles são os especialistas na criança, por isso devem estar mais capazes para isso. Empoderar significa também passar o poder do profissional para a família num duplo sentido: dar poder e autoridade para fazer e, ao mesmo tempo, tornar mais forte e confiante.

5. Desenvolver: que pais e mães retomem o seu desenvolvimento com a melhor qualidade e saúde possível. Que esse percurso de desenvolvimento não seja cortado pela crise desencadeada pelo nascimento de um filho. Um dos perigos dos programas centrados na família é, pela boa intenção de trazer os pais para o centro do processo de desenvolvimento dos seus filhos, se desconsiderar e comprometer o deles mesmos, a sua saúde e bem-estar. O desenvolvimento de cada um dos pais é tão importante quanto o da criança.

c) O que queremos que aconteça?

Dissemos anteriormente que a ligação entre bebês e pais é imprescindível para o bom desenvolvimento de uns e outros. Nessa medida, temos de assegurar que algumas premissas estão presentes ou cuidar para que se concretizem.

6. Filiação: é fundamental e prioritário que os pais recebam e assumam esse filho como seu. Apesar das diferenças em relação ao desejado, apesar de todas as cargas negativas e assustadoras ligadas ao diagnóstico, que o aceitem e o integrem no seu desenvolvimento pessoal, tornando-se pais (Franco, 2016). Sem ser com base no medo, na culpa ou na responsabilidade social asfixiante.

7. Apego: para além de receber o filho, é necessário desenvolver com ele um vínculo, um laço afetivo (Bowlby, 1969). O que sabemos sobre a importância do apego para o bom desenvolvimento infantil aplica-se a todas as crianças, incluindo as que têm alguma deficiência (Fachada, 2020). Os pais vão tornar-se a base segura que permitirá a criação dos modelos de trabalho internos (formas de relação com o mundo e as pessoas que vão perdurar ao longo da vida) e, principalmente, a base segura a partir da qual o filho vai poder explorar o mundo, ou seja a partir da qual a criança pode experimentar as diferentes qualidades das situações, sem se assustar, sem se retrair, sem se opor, única forma do desenvolvimento infantil acontecer.

8. Parentalidade: além de assegurar as qualidades relacionais, é importante que os pais sejam mais envolvidos e competentes enquanto pais e nas suas tarefas parentais: cuidando do filho e respondendo às suas necessidades em todos os domínios.

d) Como empoderar?

Se pretendemos contribuir para o empoderamento da família, há várias dimensões que devem ser trabalhadas.

9. Competências: empoderar passa por tornar mais competente aquele que vai ter mais poder para decidir e para fazer. Por isso, pretende-se que os pais desenvolvam competências: conhecimentos, saber fazer, saber cuidar de forma adequada, conseguir integrar práticas adequadas na rotina do dia a dia. Em síntese, que se sintam, e sejam, capazes de promover o desenvolvimento da sua criança.

10. Direitos: ter conhecimento dos seus direitos e dos do seu filho e usá-los será uma forma de exercer o poder que deve estar nas mãos dos pais. Que os pais conheçam os seus direitos nos domínios da saúde, educação e proteção social, e que os possam reivindicar de forma adequada e usar de modo justo e amplo.

11. Acesso: que a família e a criança tenham acesso a todos os contextos, numa perspectiva de inclusão, não se retirando para uma vida enquistada e envergonhada ou reduzida. Que possam aceder ao bem-estar, lazer, educação, cultura, desporto e relacionamentos como todos os membros da sua comunidade. Que as barreiras físicas ou sociais não impeçam a criança e a sua família do pleno acesso aos lugares onde todas as crianças vão e a uma participação ativa na comunidade.

e) Quais as competências fundamentais?

Se tanto empoderar como o exercício da parentalidade passam por desenvolver competências, será crucial identificar quais as mais importantes nos planos de trabalho e intervenção dos técnicos, e quais as competências, relativas à criança, que os profissionais podem ajudar a desenvolver na família.

12. Cuidar: saber como cuidar da sua criança com transtorno do desenvolvimento: assegurando a segurança, higiene, saúde e ambientes adequados. Competências práticas do cuidado dos bebês e das crianças em relação às quais os pais, muitas vezes, face à condição específica da criança, sentem maiores dúvidas e insegurança.

13. Responder: a capacidade de estar atento às necessidades e solicitações da criança e responder-lhes de forma adequada. Isso implica sincronia, contingência (Brazelton & Cramer, 1992) e responsividade (Mahoney & Perales, 2011). Esse responder de forma adequada às solicitações da criança é o elemento central de qualquer programa de intervenção precoce e o principal fator a que podemos atribuir o seu sucesso (Mahoney, 2018).

14. Promover: ser capaz de promover o desenvolvimento da criança, sabendo como fazê-lo nas diferentes áreas (cognitiva, motora, sensorial, emocional) e sabendo como aproveitar os vários momentos das rotinas e do dia a dia para proporcionar essa experiência de aprendizagem e desenvolvimento.

Considerações finais

O trabalho com os pais das crianças com deficiência vai para além de um conceito limitado de atendimento, não se tratando da simples prestação de um serviço, mas de envolvimento e cooperação profundos com a família – no sentido do máximo desenvolvimento e inclusão da criança, mas colocando a família no centro do processo e tornando pais e mães mais competentes, mais capazes de dirigir o curso das suas vidas e do seu próprio desenvolvimento e mais capazes de transformar os seus recursos em desenvolvimento da criança.

Referências

Bowlby, J. (1969*). Attachment and loss.* Basic Books.

Brasil. (2008). *Política Nacional de Saúde da Pessoa Portadora de Deficiência.* Ministério da Saúde, Secretaria de Atenção à Saúde. Editora do Ministério da Saúde.

Brazelton, T. R. R., & Cramer, B. (1992). *As primeiras relações*. Martins Fontes.

Bronfenbrenner, U. (1999). Environments in developmental perspective: theoretical and operational models. In Freidman, S. L., & Wachs, T. D. (eds.), *Measuring environment across the lifespan: emerging methods and concepts.* American Psychological Association.

Dantas, K. O., Neves, R. F, Ribeiro, K. S, Brito, G. E., & Batista, M. C. (2019). Repercussões do nascimento e do cuidado de crianças com deficiência múltipla na família: uma metassíntese qualitativa. *Cadernos de Saúde Pública*, *36*(6), e00157918.

Dunst, C. J., Hamby, D. W., Trivette, C. M., Raab, M., & Bruder, M. B. (2000). Everyday family and community life and children's naturally occurring learning opportunities. *Journal of Early Intervention*, *23,* 151-164.

Dunst, C. J., Trivette, C. M., Hamby, D. W., Bruder, M. B. (2006). Influences of contrasting natural learning environment experiences on child, parent and family well-being. *Journal of Developmental and Physical Disabilities*, *18*(3), 235-250.

Fachada, I. (2020). *Qualidade da vinculação em crianças com perturbações do espectro do autismo - contributos individuais, relacionais e clínicos* [Tese de doutorado em Psicologia, Universidade do Minho].

Franco, V. (2009). Adaptação das famílias de crianças com perturbações graves do desenvolvimento - contribuição para um modelo conceptual. *INFAD - International Journal of Developmental and Educational Psychology*, *21*(2), 179-184.

Franco, V. (2015). Paixão-dor-paixão: pathos, luto e melancolia no nascimento da criança com deficiência. *Revista Latinoamericana de Psicopatologia Fundamental*, *18*(2), 204-220.

Franco, V. (2016). Tornar-se pai/mãe de uma criança com transtornos graves de desenvolvimento. *Educar em Revista, 59,* 35-48.

Mahoney, G. (2018). Lessons learned from relationship-based interventions. In J. McCollum, J. Weglarz-Ward & Santos (Eds.), *DEC Recommended Practices Monograph Series N. 5 Responsive Interactions to Support Child Development and Learning.*

Mahoney, G., & Perales, F. (2011). The role of parents of children with Down syndrome and other disabilities in early intervention. In J. A. Rondal, J. Perera, D. Spiker (Orgs.), *Neurocognitive rehabilitation of Down syndrome - Early Years* (pp. 205-223). Cambridge Univ. Press.

Pletcher, L., & Younggren, N. (2000). *The early intervention workbook: essential practices for quality services.* Brooks Pub.

Rentink, I. C. M., Ketelaar, K., Jogmans, M. J., & Gorter, J. W. (2007, mar.). Parents of children with cerebral palsy: a review of facts related to the process of adaptation. *Child Care Health Dev.*, *33*(2):161-169.

Sameroff, A. J., & Fiese, B. H. (2000). Models of development and developmental risk. In C. H. Zeanah (Ed.), *Handbook of infant mental health* (pp. 3-13). Guilford.

9. Avaliação da imagem corporal: o caso Pedro

Diego Rodrigues Silva

Consequências psicológicas decorrentes de uma deficiência estão frequentemente relacionadas ao conceito de imagem corporal. De acordo com Lawlor e Elliot (2012), múltiplas disciplinas a compõem, como a psicologia, antropologia, sociologia médica, estudos sobre a deficiência, neurociência, filosofia, terapia ocupacional, medicina reabilitativa, pediatria, psiquiatria e psicanálise. Como um tema diverso, existem múltiplas definições e variações do que se concebe por imagem corporal, ainda que haja um consenso de que se trata de um fenômeno desenvolvimental multidimensional que agrega percepções, crenças, experiências, personificações, autorrepresentações, atitudes sociais e culturais frente à beleza física e à boa forma do corpo. Convenciona-se assim que o estudo da imagem corporal vai além da representação mental do corpo físico, perpassando o campo social e relacional.

As diferentes concepções de imagem corporal podem ser divididas em três categorias, como sistematiza Ajuriaguerra (1983): psicológica, biológica e psicanalítica. Na primeira, se encontra a noção de uma matriz de percepção e compreensão. Na segunda, consideram-se os fenômenos do corpo como integração de estímulos, valorizando o sistema sensorial visual e a motricidade, assim como sua dependência nos circuitos anátomo-fisiológicos, principalmente do sistema nervoso. Na terceira, o corpo é relacionado ao eu e aos fenômenos do narcisismo. Por esse motivo, a imagem corporal transita entre aspectos corporais, da personalidade e do inconsciente, visto que se trata de elementos dissociados apenas do ponto de vista didático.

O uso das técnicas gráficas, em especial o desenho da figura humana, é predominante nas avaliações da imagem corporal. Autores consagrados no tema, como Paul Schilder (1950/1980), assumem que o desenho permite acessar o conhecimento e a experiência do corpo, tanto em sua percepção quanto em sua representação mental. Dessa forma, instrumentos foram construídos com o objetivo de avaliar a imagem corporal de maneira fidedigna, válida e padronizada. Nesse sentido, pode-se citar o desenho da figura humana (DFH) desenvolvido por Karen Machover (1949). Esse teste projetivo[1] considera que, ao desenhar, são utilizadas referências fundamentais dos órgãos (sensações, percepções e emoções), imagem do corpo, projeções e introjeções e valores culturais que atribuem valoração às formas, movimentos e características do corpo humano. Desse modo, desenhar é, ao mesmo tempo, um ato consciente e inconsciente. Como uma linguagem, o desenho é uma forma de expressão das necessidades e conflitos do corpo.

Do ponto de vista prático, trata-se de uma técnica projetiva gráfica em que se pede um desenho de uma figura humana e, em seguida, outro do sexo oposto ao primeiro desenho. A partir do primeiro[2] é realizado um inquérito que auxilia na compreensão dos dados obtidos. São oferecidos para a atividade apenas lápis preto, borracha e folha A4 (Machover, 1949). Lourenção van Kolck (1984) estabeleceu uma sistematização dos critérios de avaliação em que se preenche uma tabela avaliando aspectos adaptativos, expressivos e projetivos.

Acerca de sua validação, ainda que haja uma sistematização quanto à aplicação e análise, não existem aspectos normativos quantificáveis, sendo o parâmetro de análise a própria pessoa. Lourenção van Kolck (1984) afirma que processos de teste-reteste se tornam inviáveis quando se trata do traçado

1 Existem variações do teste do DFH. Em duas categorias gerais encontram-se a vertente da avaliação da maturidade conceitual e a da personalidade. Na primeira, pode-se citar como referência o nome de Florence Goodenough.

2 Essa especificidade é descrita em Lourenção van Kolck (1984, p. 20): "Machover não deixa claro se é aplicado o questionário às duas figuras; entretanto, Kohan (1961) afirma que Machover aplica o questionário à figura que representa o sexo do sujeito".

de um desenho que, sendo uma expressão subjetiva, não necessariamente se repete, o que leva a considerar todas as produções válidas. Atualmente, esse instrumento não se encontra no Sistema de Avaliação das Técnicas de Exame Psicológica (SATEPSI) do Conselho Federal de Psicologia para a prática clínica. Contudo, um artigo atual de revisão sobre avaliação da imagem corporal de pessoas com deficiência física por meio de técnicas gráficas publicado em um importante periódico de avaliação psicológica (Silva & Herzberg, 2017) demonstrou que essa abordagem foi bastante explorada entre as décadas de 1950 e 1970, mostrando-se profícua, pouco dispendiosa e de simples aplicação. Para tanto, é preciso atentar para alguns aspectos: os prejuízos motores podem atravessar a execução do desenho e enviesar o avaliador na análise do material, e a pluralidade de concepções acerca do que é a imagem corporal prejudica uma padronização conceitual necessária ao trabalho do psicólogo.

Uma vez que a deficiência afeta funções e aspectos pessoais, instrumentos que não se restrinjam ao isomorfismo entre corpo físico, imagem corporal e o desenho da figura humana se mostram importantes. Não há restrições para o uso do DFH em pesquisa. Estudos contribuem, assim, para que o instrumento possa voltar a ser válido para o uso profissional.

Problematizando questões práticas

Solicitar um desenho a uma pessoa com deficiência física, cujos prejuízos são da função motora, pode parecer, em muitos casos, impraticável. Quando se solicita, há uma tendência de se buscar no desenho problemas como retraimento, dificuldade de contato, introspecção, compensações ou ainda apontar que o desenho mostra como a imagem corporal é incongruente com o corpo real, gerando conflitos (Silva & Herzberg, 2017). Ambas as asserções antecipam quadros que não estão obrigatoriamente presentes na deficiência física.[3] Condições atípicas de estruturas do corpo podem prejudicar, mas não inviabilizar a capacidade de desenhar, pois qualquer arranjo motor que permita o traçado deve ser considerado como tal. Como afirma Levin (1997):

3 É de se questionar se esta não seria a expressão científica de reações à deficiência que antecipam as vivências de sofrimento obrigatórias mencionadas no capítulo "(Con)fusões e reações frente à deficiência: o estranho em si".

> *A falta de destreza e domínio práxico-motor não impede que se realize esta verdadeira cena de escrita. Neste sentido a criança se antecipa mentalmente (simbolicamente) à possibilidade efetiva e eficaz de seu controle práxico-manual. Este ato singular de escrita não figurativa delimita, no próprio momento em que se inscreve, uma presença em ato irrepetível do sujeito. (p. 51)*

Da mesma forma, a representação que uma pessoa tem de si é fruto de diferentes elementos, distanciando-se da realidade, ainda que possa se apoiar nela. Talvez o termo mais preciso seja diferir, não havendo necessidade de isometria. Desse modo, esperar que o desenho dessas pessoas seja um retrato de seus corpos parece equivocado. Segundo Dolto (1984/2015, p. 14):

> *Em crianças precocemente atacadas pela poliomielite, por exemplo, que apresentam, portanto, um esquema corporal mais ou menos gravemente enfermo, é bem possível que venha a revelar-se uma imagem do corpo perfeitamente sã, desde que não tenham sido neurotizadas antes da poliomielite e que tenham sido apoiadas durante o período agudo da moléstia, pela mãe e pelo pai, em sua relação com outrem e consigo mesmas. Elas desenham então corpos que não oferecem nenhuma das disfunções ou faltas como as suas.*

Como aponta o importante artigo de Silverstein e Robinson (1956), seja procurando indícios da deficiência no desenho ou ignorando traços que não fazem parte de seu quadro, essa forma de trabalhar incorre no risco da patologização. Talvez o ponto central seja a comparação do desenho à forma ideal do badameco que não necessariamente poderá se fazer presente nessa população. Ainda que esta seja a figura mais atrelada à imagem corporal, a ênfase não recai apenas sob sua forma:

> *É principalmente a partir do desenho do boneco que ele se torna interessante, pois ultrapassa o aspecto puramente formal de sua expressão e dá informações em função das características do traço, da cor utilizada, da posição que a criança se atribui na*

> *família, da atividade que ela representa estar exercendo, do valor que ela atribui às diferentes partes do corpo, o que é esquecido de desenhar ou que está desproporcional, as distorções e deslocações. (Ajuriaguerra, 1983, p. 345)*

Ressalta-se a importância da nota de 25 de fevereiro de 2013 do Conselho Federal de Psicologia (CFP, 2013), em que são indicados alguns pontos para manter a qualidade dos instrumentos de avaliação quando se trata de pessoas com deficiência. A nota afirma que adaptar um teste não se resume a alterar indistintamente um componente sem que se avaliem suas consequências, visto que o fator a ser avaliado pode ter sido modificado. Recomenda que se conheça previamente a especificidade da deficiência da pessoa para assim adequar o instrumento. Para tanto, articulações entre clínica e pesquisa permitem manter o rigor avaliativo e evitar vieses e/ou dados inválidos.

Caso Pedro

Tendo definido o conceito de imagem corporal, apresentado uma maneira de avalia-la e seus desafios, relato um caso[4] de avaliação de uma criança com deficiência física por meio do DFH (Machover, 1949). Seguindo a proposta de Ajuriaguerra (1983), foi acrescido um desenho colorido e novos elementos à análise em relação às orientações originais do instrumento.

No momento da coleta, Pedro (nome fictício) contava seis anos e morava com os pais e os irmãos. Estudava no 1º ano e, ainda que com notas baixas, acompanhava satisfatoriamente as atividades da escola. A mãe afirmou que a criança era bastante ativa e gostava de jogar futebol. De acordo com seu relato e dados do prontuário, a gestação transcorreu sem maiores problemas, mas, durante o parto (normal), Pedro teve um quadro de anóxia e sepse. Com poucos dias de vida teve a primeira convulsão, permanecendo por um período

4 Resultados provenientes de pesquisa de mestrado (Silva, 2017) realizada entre 2015 e 2017. Essa coleta se deu da seguinte forma: inicialmente foi feita uma entrevista com os pais e a criança; em seguida os pais deixaram a sala com o consentimento do filho e foram solicitados os dois primeiros desenhos com o inquérito; por fim, foi realizada uma hora lúdica que terminou com o desenho colorido.

na UTI. Não há indícios de uma deficiência nesses primeiros relatos. Ainda assim, a criança foi acompanhada por profissionais desde então e foi iniciada a administração de anticonvulsivantes que perduravam até o dia da coleta.

A partir dos relatos obtidos, seu quadro se caracteriza por uma hemiparesia, provavelmente decorrente de sequelas de uma injúria vascular ou hipoglicemia neonatal. A musculatura orofacial era o maior dos prejuízos funcionais desde seus primeiros anos, afetando a respiração, a alimentação e a fala e causando sialorreia constante. Desde então, exercícios fonoaudiológicos e até bandagens afixadas em volta da boca foram utilizadas para melhorar essas funções, que eram alvo de constante preocupação da família e dos profissionais.

Dados mais recentes indicavam melhoras substancias em seu quadro. Quando avaliado, Pedro demonstrava marcha satisfatória, ainda que um pouco cambaleante, e com recursos motores suficientes para as demandas cotidianas, mesmo com uma espasticidade que comprometia os membros superiores. Seus movimentos da mão esquerda eram mais prejudicados em relação aos da direita. Desse modo, sua mão esquerda não segurava a folha e tinha dificuldade para segurar os lápis e gizes enquanto desenhava. Pedro usava aparelho ortodôntico e a sialorreia ainda era presente, fazendo com que a mãe frequentemente o limpasse mesmo que este não o solicitasse.

Pedro mostrou-se colaborativo, mas apresentou dificuldades em algumas respostas. Também houve situações em que sua fala não pôde ser compreendida. Demonstrou entender a atividade e, em algumas questões,[5] apresentou resistência em responder, parecendo envergonhado e dizendo "sei não" (*sic*). Do ponto de vista dos elementos adaptativos, verificou-se que a criança realizou o que foi proposto, mas não demonstrou um desenho esperado para sua idade. Sem o badameco, os elementos expressivos não puderam ser analisados por meio da sistematização de Lourenção van Kolck (1984).

Sobre esse ponto cabem algumas considerações. De acordo com Lowenfeld (1958), entre 4 e 7 anos há uma busca por estabelecer relações reais com os objetos representados, o que Pedro atinge satisfatoriamente. Ainda que

5 "14. O que a(o) preocupa?", "15. Quando ela(e) se irrita?" e "29. Quem ela(e) lembra?".

não sejam representadas formas habituais, ele aponta, descreve e segue um padrão de formas e traços nos desenhos.

Figura 9.1 Pedro – primeiro desenho.

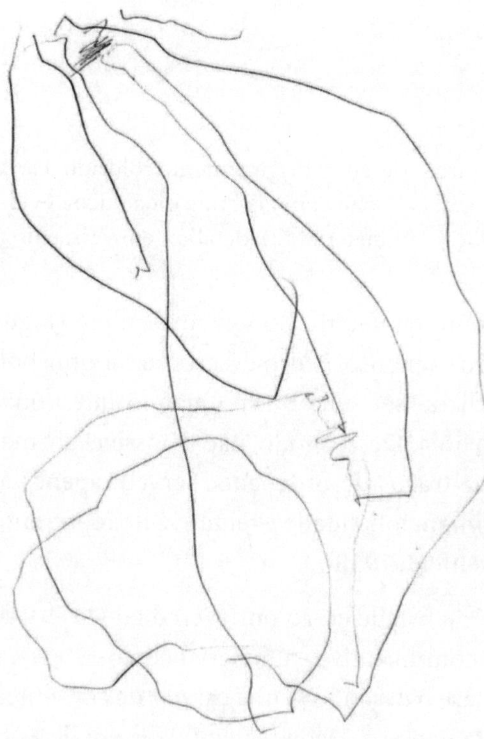

Figura 9.2 Pedro – segundo desenho.

Figura 9.3 Pedro – desenho originalmente colorido. Há um traço paralelo ao azul (1), feito com giz branco não ficou evidente na digitalização do material (2); detalhes em vermelho (3).

No primeiro desenho, referente ao sexo masculino (Figura 9.1), ao desenhar o círculo do lado esquerdo, Pedro descreveu ser uma bola e, ao desenhar a parte superior, indicou ser uma boca. Quando questionado, afirmou ser um menino jogando bola. Desse modo, não é possível afirmar que se trata de uma garatuja em que traços desordenados servem apenas ao prazer do ato motor, visto que há intencionalidade e tentativa de representação de elementos específicos (Lowenfeld, 1958).

Seguindo o critério estabelecido por Mèredieu (1979), pode-se localizar a criança no estágio comunicativo, característico dos 3 aos 4 anos. De acordo com a autora, nessa fase o desenho ganha caráter de comunicação e surgem as primeiras figuras intencionais. Dada a dificuldade em desenhar ângulos agudos, há uma predominância de traços circulares. Adiante, mas ainda nesse estágio, surgem os quadriláteros (observados na Figura 9.3) que demandam um duplo controle por inserir pontos de partida e chegada. Assim, o olho não apenas segue a mão, mas agora começa a guiá-la. O importante desse momento é a aquisição do controle pela criança que propicia habilidades como levantar o lápis, produzir formas diferentes entre si e distinguir início e fim.

Segundo essa definição, o desenho de Pedro se encontra num estágio anterior ao do boneco, representando algo que se assemelha mais a um embrião ou a um tubo. Ao observar a execução dos três desenhos, nota-se uma repetição sistemática da sequência de realização dos traços: primeiro são feitas duas linhas longas de onde partem algumas formas, para então serem acrescentados os detalhes (ver Figura 9.4). Com isso, chega-se ao que Rodulfo (2011) postula como a primeira figura de estrutura subjetivamente fundamental: o tubo. As figuras disformes, o magma e a fumaça, como sugere, presentes nos desenhos devido às experiências infantis, se diferenciam e se tornam circulares. Há um deslocamento estrutural que passa da superfície ininterrupta para se tornar a primeira representação de um corpo. Trata-se de um tubo que se define a partir da indefinição, em uma continuidade organizada em continente-contido, interno-externo. Trata-se do corpo visceral, que propicia noções de reversibilidade, cognitivamente, e funcionamento de processos secundários, psiquicamente.

Tustin (1986/1990) corrobora essa concepção do tubo como estrutura inicial da imagem corporal. Se no início da vida o bebê sente e percebe a si próprio em termos de líquidos e gases, é necessário um ajustamento do meio líquido para o meio sólido que terá repercussões na expressão da imagem corporal no desenho. Assim, em pacientes pequenos ou adultos em estados regressivos, a imagem corporal se torna um sistema de canos, de modo a controlar os fluidos e gases disformes. Esse modelo permite a distinção entre aquilo que está no interior e no exterior e a transição de um Não eu para um eu. Pedro parte desse ponto e alcança ainda a etapa seguinte. De acordo com Rodulfo (2011), os restos de magma, desprendidos dos traços que se ordenaram, passam a se especificar em seguimentos do corpo. O tubo passa, então, a se alongar rumo à organização bípede. Uma forma oval com um apêndice caudal se coloca como uma cabeça e um corpo, e os traços que restavam compõem os membros por meio de funções de corte, dobra, deslocamento e redistribuição. A função especular passa a organizar o desenho, demonstrando a organização da imagem corporal nos moldes da cultura. Por esse motivo, começam a se fazer presentes elementos como a bola de futebol destacada.

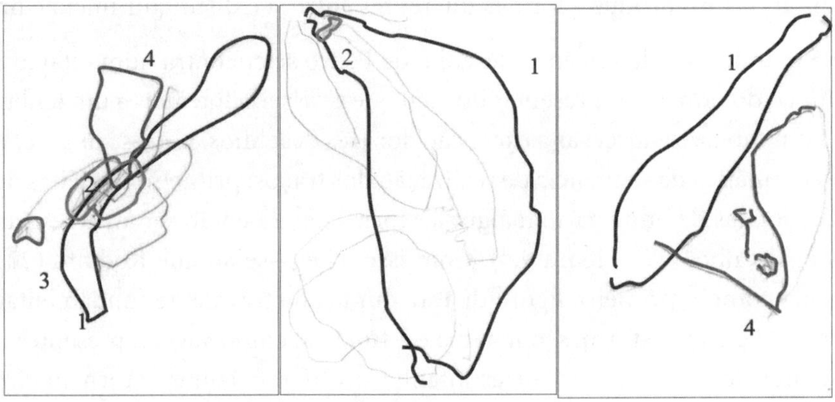

Figura 9.4 Detalhes relatados e ordem de execução. De acordo com a explicação de Pedro, preto = corpo (1), verde = cabelo (2), azul = boca (3) e vermelho = bola (4). Ordem de apresentação: preto, verde, azul e vermelho, demais detalhes.

Com isso, apreende-se que há uma representação de imagem corporal organizada, ainda que rudimentar se tomarmos como referência sua idade cronológica. Um caso diferente seria um desenho de boneco desorganizado, que, por sua vez, indicaria prejuízos reais na imagem corporal. É possível afirmar que Pedro encontra-se em vias de atingir uma organização mais complexa que lhe renderá aquisições motoras e psicológicas. O comprometimento motor deve ser considerado nesta análise, mas não há como dimensionar até que ponto comprometeu a execução do desenho pretendida por Pedro. Ademais, isso não explicaria a escolha por formas difusas e tubulares, evidenciando, na compreensão aqui proposta, mais uma forma de ilustrar sua imagem corporal do que a tentativa malograda do desenho de um boneco.

Acompanhando os conteúdos verbais ao longo do desenho, há presença de identificação quando aponta ter feito um menino jogando bola e destaca a boca, bem como existe uma diferenciação quanto ao sexo dada a diferença de tamanho dos desenhos e a presença de diferentes elementos nas Figuras 9.1 e 9.2. Ao analisar seu desenho colorido (Figura 9.3), há uma identificação com o detalhamento da boca, que aqui ganha destaque e proporção ainda maiores. Quando perguntado sobre o desenho, a criança disse ser ele próprio indo para a escola e, acerca do detalhe, disse "boca" (*sic*), tampando a sua própria com a mão enquanto falava. O tamanho da boca em relação aos demais elementos e a presença de detalhes como o aparelho ortodôntico sugerem que existe um grande investimento nessa parte do corpo. Lawlor e Elliot (2012) discutem que o grande número de intervenções e cuidados sobre uma parte do corpo nos casos de deficiência física pode levar a uma atenção extra por parte da pessoa. Hammar e colegas (2009) complementam indicando que, nesses casos, crianças podem diminuir sua atenção ao meio externo em favor da atenção ao corpo e suas respectivas sensações e percepções. Nos estudos de Schilder (1950/1980) está presente a preocupação com o hiperinvestimento em determinadas partes do corpo para a organização da imagem corporal. O autor enfatiza que, se uma parte do corpo recebe importância excessiva, isso poderá ter consequências para a imagem corporal, afetando sua simetria e equilíbrio, como se observa quando há dor em uma parte específica do corpo.

Não é possível indicar a extensão do hiperinvestimento da boca em seus movimentos ou mesmo em seus aspectos psicológicos. Contudo, se as intervenções e preocupações em torno da boca puderam ser representadas dessa forma, é possível considerar que mudanças cotidianas em relação a esse investimento modifiquem a imagem corporal (e consequentemente, seu desenho), assim como mudanças psicológicas o podem fazer. Hipoteticamente, o interesse no futebol poderia sobressair em relação ao interesse na boca, levando a modificações na organização da imagem corporal ou até mesmo nos movimentos. Autores como Levin e colaboradores (1998) e Le Boulch (2001) já mostraram a estreita relação entre a motricidade e o eu, de modo que identificações podem produzir padrões de movimento e esquemas posturais específicos. Alguém deprimido, por exemplo, se põe em uma postura mais recolhida. Assim, apenas observando o quadro final de uma deficiência não é possível distinguir o que compete aos comprometimentos estruturais, aos arranjos funcionais e às características psicológicas (Silva & Herzberg, 2019).

Considerações finais

Frente a um quadro de consequências múltiplas como a deficiência física, desenvolver instrumentos eficazes de avaliação é necessário. Nesse caminho, a imagem corporal se apresenta como um fator pertinente a essa população, pois permite avaliar pontos de intersecção entre estruturas, funções e fatores pessoais. O desenho da figura humana, em sua vertente projetiva, se revela uma técnica de simples aplicação que exige pouco tempo e pouco custo. O caso de Pedro mostra que o desenho pode evidenciar de que maneira as experiências com o corpo estão sendo vivenciadas. Dado o contexto de reabilitação, a região da boca foi sempre estimulada. O mesmo ocorria em sua família, que se preocupava com os prejuízos funcionais. As cenas da mãe limpando a criança são emblemáticas nesse sentido. Sem o desenho, e, principalmente, dadas as dificuldades na fala da criança, seria difícil dimensionar como essas experiências o impactavam.

Considerando estritamente a aplicação padrão do DFH, é preciso considerar que análises que requerem o desenho do badameco limitam o instrumento. Como visto, modelos anteriores a esse, mesmo que feitos sob grande dificuldade motora, são materiais ricos se bem explorados. Seu uso parece ser ainda mais profícuo para acompanhar processos de intervenção e desenvolvimento infantil. Tratamentos fisioterápicos, seguidos de avaliações periódicas da imagem corporal pelo psicólogo, por exemplo, permitiriam analisar condições e efeitos que trariam benefícios para ambos os tratamentos.

Nessa população é possível encontrar padrões de movimento não usuais, movimentos involuntários, dificuldade ou ausência de fala e equipamentos como próteses, órteses e aparelhos médicos.[6] Trata-se de elementos que rompem com os protocolos dos instrumentos e demandam um arranjo do lado do psicólogo. Nessa linha, foi possível indicar alguns obstáculos cujas formas de superação não podem ser previstas, pois dependem da singularidade de cada caso e das especificidades da deficiência em cada um.

---

6 O modo como essas atipicidades da deficiência aparecem no contexto clínico foi discutido no capítulo "Atendimento a crianças e adolescentes em um centro de reabilitação: entraves e possibilidades".

Referências

Ajuriaguerra, J. (1983). *Manual de psiquiatria infantil.* Masson.

CFP. (Conselho Federal de Psicologia). (2013, 25 fev.). CFP divulga orientações para avaliação psicológica de pessoas com deficiência. *Nota técnica CFP.* http://www.crpsp.org.br/portal/midia/fiquedeolho_ver.aspx?id=578.

Dolto, F. (1984/2015). *A imagem inconsciente do corpo* (3a ed.). Perspectiva.

Hammar, G. R., Ozolins, A., Idvall, E., & Rudebeck, C. E. (2009). Body image in adolescents with cerebral palsy. *Journal of Child Health Care, 13*(1), 19-29. https://doi.org/10.1177/1367493508098378

Lawlor, M. C., & Elliot, M. L. (2012). Physical disability and body image in children. In T. F. Cash (Ed.), *Encyclopedia of body image and human appearance* (Vol. 2, pp. 650-656). Elsevier. https://doi.org/10.1016/B978-0-12-384925-0.00102-4

Le Boulch, J. (2001). *O desenvolvimento psicomotor: do nascimento até os 6 anos* (7a ed.). Artmed.

Levin, E. (1997). *A infância em cena: constituição do sujeito e desenvolvimento psicomotor.* Vozes.

Levin, E., Garbarz, J., Sykuler, C., Brukman, S., & Sued, R. (1998). Terapia psicomotora em crianças com patologia de desenvolvimento. In A. Jerusalinsky (Org.), *Psicanálise e desenvolvimento infantil: um enfoque transdisciplinar* (pp. 97-106). Artes Médicas.

Lourenção van Kolck, O. (1984). *Testes projetivos gráficos no diagnóstico psicológico.* Pedagógica e Universitária.

Lowenfeld, V. (1958). El niño de 4 a 7 años de edad. In V. Lowenfeld, *El niño y su arte* (pp. 91-113). Kapelusz.

Machover, K. (1949). *Proyeccion de la personalidad en el dibujo de la figura humana (Un metodo de investigacion de la personalidad).* Cultural.

Mèredieu, F. (1979). *O desenho infantil.* Cultrix

Rodulfo, M. (2011). *El niño del dibujo. Estudio psicoanalítico del grafismo y sus funciones en la construcción temprana del cuerpo*. Paidós.

Schilder, P. (1950/1980). *A imagem inconsciente do corpo*. Martins Fonte.

Silva, D. R. (2017). *Explorando a imagem corporal de crianças com deficiência física congênita: limites, traços e riscos* [Dissertação de mestrado, Instituto de Psicologia, Universidade de São Paulo].

Silva, D. R., & Herzberg, E. (2017). Desenho da figura humana: avaliação da imagem corporal na deficiência física. *Avaliação Psicológica, 16*(1), 106-115. https://doi.org/10.15689/ap.2017.1601.12

Silva, D. R., & Herzberg, E. (2019). Entre ter uma deficiência e ser deficiente: um estudo sobre as identificações. *Estilos da Clínica, 24*(2), 304-316. https://doi.org/10.11606/issn.1981-1624.v24i2p304-316

Silverstein, A. B., & Robinson, H. A. (1956). The representation of orthopedic disability in children's figure drawings. *Journal of Consulting Psychology, 20*(5), 333-341. https://doi.org/10.1037/h0042868

Tustin, F. (1986/1990). *Barreiras autistas em pacientes neuróticos*. Artes Médicas.

10. A função do semelhante na inclusão: considerações a partir de um relato de pesquisa

Ana Lúcia Branco Novo

Cada vez mais os espaços e instituições onde as crianças têm a oportunidade de conviver e compartilhar experiências entre si vêm mostrando a sua potência. Muito mais do que se socializar, isto é, estar em grupo desenvolvendo habilidades e hábitos comuns, estar junto de seus pares pode ser uma experiência ímpar e transformadora.

O conceito de função do semelhante refere-se à relação entre pares como constitutiva do sujeito, isto é, a partir do encontro com os outros, a criança se constitui como alguém único e se reconhece em sua singularidade (Kupfer, Bernardino & Silva, 2020; Bernardino, 2020). A função do semelhante também é nomeada de função fraterna ou complexo fraterno (Kehl, 2000; Kaës, 2011; Kancyper, 2019). Uma de suas raízes está na psicanálise freudiana que faz referência à questão fraterna, com sentimentos de ciúme e rivalidade, principalmente quando o primogênito é destronado (Kaës, 2011). Outro fundamento importante é o *complexo de intrusão* de Lacan (1938/2002), que aponta as relações entre crianças, a partir do primeiro ano de vida, como estruturantes para a subjetividade. Desde muito cedo acontecem jogos de provocações e respostas, em que as crianças de mesma faixa etária vão esboçando o reconhecimento de um outro, com sentimentos ambíguos de amor, de identificação, mas também de rivalidade.

De acordo com Lacan (1948/1998; 1949), a criança vai construindo o seu eu a partir das imagens que se estabelecem na relação com os outros, com os objetos do ambiente, e da imagem que, refletida no espelho, reconhece como sua, mesmo que de forma antecipatória diante de um corpo que ainda não está unificado nas suas sensações e motricidade. Nesse percurso, em torno dos 8 meses de idade, as crianças acompanham os gestos umas das outras numa confusão entre o que acontece com o outro e com o próprio corpo.

Entretanto, no desenvolvimento do sujeito, isto é, de alguém que vai se tornando um humano capaz de dizer sobre si mesmo e se relacionar com os outros, as relações fraternas só são possíveis por meio da parentalidade. De acordo com Bernardino (2020), quando o bebê nasce já tem um lugar na família, um corpo imaginado, um nome, e chega num momento específico. Os pais fazem suposições e criam expectativas a partir dos seus desejos sobre ele. No momento da sua chegada, o bebê vive um desamparo biológico e simbólico no qual o choro é tomado pelo outro cuidador para além da sua necessidade, alimentando assim o diálogo que surge entre as suas demandas e o seu desejo. Isto é, se o bebê tem um desconforto como fome, o leite, em geral, vem acompanhado de palavras, olhares, de carinho e aconchego. E é assim que o desejo é introduzido, o bebê passa a chorar porque quer receber todo esse conjunto, não só satisfazer o seu objeto da necessidade. Há, porém, movimentos de presença e de ausência do cuidador e sempre uma falta, já que o que é pedido nunca é o obtido em sua completude. É essa falta que garante a continuidade do desejar.

Nesse sentido, a função materna ocupa o lugar fundamental do outro humano ali presente nas trocas e sensações, mas também de alguém que é representante da linguagem e da cultura humana. Segundo Bernardino (2020), a função do semelhante seria, então, mais uma que, dependente da função materna e paterna, atua na inscrição do sujeito no campo do simbólico, isto é, sua entrada em um sistema de representações, com aspectos conscientes e inconscientes que o constituem. São os pais, ou quem quer que exerça essas funções, que vão possibilitar que a relação fraterna se construa a partir da noção de diferença, presente nas leis da linguagem.

Isto posto, podemos pensar, então, em uma criança que não apresenta um desenvolvimento *típico*, termo bastante utilizado no momento. Quando nasce um bebê, como afirma Mannoni (1999), ele nunca corresponde exatamente ao que a mãe esperava; suas angústias e fantasias são postas em cena, mas se esse bebê tem algum problema de saúde, trazendo consigo a ameaça de morte[1] ou a realidade de um corpo diferente que se impõe, pode sugerir a descontinuidade entre as diferentes gerações familiares, com sentimentos de medo, impotência e frustração diante da maternagem.

Os cuidados médicos e terapêuticos também podem interferir na relação mãe-criança. Coriat (1997), aponta para o risco de os desejos maternos ficarem encobertos por um saber técnico, vindo de especialistas, que já determina de antemão as capacidades e limitações do bebê. A fragilidade física, intervenções médicas precoces, cuidados terapêuticos, tudo isso pode fazer com que as demandas do bebê sejam tomadas, muitas vezes, exclusivamente como necessidades. Ou, ainda, que as demandas de afeto e de presença do cuidador sejam satisfeitas de forma imediata, pois é preciso evitar mais sofrimento para todos.

Fora do ambiente familiar, a ida para a escola, em geral, é um momento que marca a passagem da criança para o meio social, o que traz novos desafios. Frequentar a escola regular não é sinônimo de inclusão ou identificação, pois o convívio entre pares sublinha diferenças que podem gerar reações de curiosidade, pena, distanciamento, cuidado ou até aversão, mesmo se tratando de crianças ainda pequenas. Um olhar, um toque, um comentário sobre a deficiência aparente são formas de demonstrar essas reações. Entre os mais velhos, as perguntas podem surgir abertamente de uma criança para a outra, ou direcionadas para a professora, questionado o que o outro tem ou por que não se comporta como as demais da turma.

Se, por um lado, destaca-se a diferença, por outro, a inclusão amplia a ideia do que é estar entre pares. Rahme (2018) sublinha que as interações podem desconstruir estigmas que limitam a autonomia e podem facilitar as diferentes formas de comunicação e expressão das crianças, se o trabalho dos professores e demais profissionais da escola acontecer na direção de atividades compartilhadas que favoreçam a convivência e a construção de laços.

---

1 O capítulo "(Con)fusões e reações frente à deficiência: o estranho em si" discute a associação entre deficiência e ameaça de morte que parece perpassar as relações entre pessoas com e sem deficiência.

Outras situações do cotidiano, no parque, na rua ou numa clínica médica, também expressam como o diferente chama a atenção em contraposição à homogeneização ou normatização das demais crianças. As reações das crianças, isto é, da criança que tem uma deficiência e da que não tem, falam mais sobre elas mesmas do que sobre o outro: como percebem seu próprio corpo, suas brincadeiras preferidas, como respondem quando são confrontadas com uma situação de quebra da rotina, rotina esta, que vai dando sentido e organizando a sua vida de criança em constituição.

Então, afinal, diante de tantas variáveis, o que poderá acontecer quando a criança com deficiência começa a encontrar e conviver com seus semelhantes? Será que nesses encontros haverá uma forma de interação, com jogos e brincadeiras de imitação e identificação? Será que, quando a limitação é grande e a criança tem pouca autonomia nas suas ações, ela conseguirá se manifestar com a ajuda de um cuidador? Ou, ainda, nas relações entre pares, como o intermédio de um adulto interfere na operação da função do semelhante? São essas as questões que norteiam este capítulo.

A função do semelhante na inclusão

As escolas de educação infantil e as instituições para reabilitação e promoção de saúde são locais que, em geral, a criança com deficiência começa a frequentar desde muito cedo, muitas vezes com apenas alguns meses de idade. Nesses ambientes, ela já tem a oportunidade de interagir com outras crianças, mesmo quando acompanhada de um adulto cuidador.

Alguns marcos legais garantem a entrada e a permanência da pessoa com deficiência em diversos espaços, na direção da igualdade de oportunidades, considerando as diferentes estratégias para cada um. A Lei Brasileira de Inclusão da Pessoa com Deficiência (Lei n. 13.146, de 2015), por exemplo, visa assegurar e promover os direitos e liberdades fundamentais da pessoa com deficiência, garantindo a sua inclusão social e cidadania em diversos aspectos, como saúde, educação, moradia, trabalho entre outros. No que diz respeito à educação, além de garantir um sistema educacional inclusivo ao longo de toda a vida, exercendo medidas individualizadas e coletivas para tanto, a lei dispõe sobre a oferta de profissionais de apoio escolar.

Sob essa perspectiva, a Política Nacional de Educação Especial na Perspectiva da Educação Inclusiva, lançada pelo Ministério da Educação (MEC) em 2008, já havia trazido importantes avanços no que se refere à formulação de diretrizes pedagógicas e políticas públicas para a educação inclusiva, com a oferta de atendimento educacional especializado e incluindo nesse processo a formação de professores, a participação dos pais e da comunidade. Vale lembrar que o público-alvo da Educação Especial são as pessoas com deficiência, com transtorno espectro autista (TEA) e com altas habilidades ou superdotação.

Não há dúvidas de que, em muitas situações da rotina escolar ou institucional, ter um adulto por perto, ou um atendimento especializado, é necessário para que as crianças realizem atividades de vida diária e para auxílio ou apoio pedagógico na execução de uma tarefa. Nessa direção, movimentos sociais organizados e a luta legítima pelos direitos das pessoas com deficiência vêm garantindo a presença de um acompanhante na escola. Podemos citar a Política Nacional de Proteção dos Direitos da Pessoa com Transtorno do Espectro Autista (Lei n. 12.764, de 2012) que garante, em caso de comprovada necessidade, o direito a um acompanhante especializado à pessoa com transtorno do espectro autista incluída no ensino regular.

Em contrapartida, consideramos que a inclusão se constrói a partir da singularidade de cada criança. Isso quer dizer que o que as leis garantem pode não ser aplicado da maneira mais adequada; na prática, há que se avaliar bem qual seria o melhor caminho para a promoção da igualdade entre as crianças. O percurso da inclusão é bastante delicado, na medida em que a garantia de direitos não deve promover generalizações. Se a presença de um adulto acompanhante pode ser facilitadora, inversamente, se for excessiva, pode interferir nas conquistas das crianças relacionadas à autonomia e às suas relações espontâneas com as demais crianças, com possíveis consequências para o seu desenvolvimento e subjetividade.

O adulto estabelece com a criança uma diferença desde o ponto de partida; é o representante da cultura, com suas leis de funcionamento. O seu saber ou as suas demandas podem ter um efeito imperativo sobre ela. As crianças, por sua vez, a partir de uma relação horizontal, podem convocar umas às outras a experimentar situações e encontrar saídas de modo que um adulto não poderia fazê-lo. Pois, como afirmam Kupfer, Bernardino e Silva (2020), a criança, ao encontrar a sua posição diferente da do colega, compõe uma fraternidade com ele. Da identificação entre as crianças surge a diferença e a alteridade que permite que cada uma ocupe um lugar próprio.

Quando a criança recebe o auxílio de um professor, acompanhante ou qualquer outra pessoa, pode haver restrições nas relações horizontais, seja pela presença do adulto na cena, seja porque ela não consegue responder com autonomia do seu lugar de criança ou de sujeito.

Dito isso, mas sem esquecer que nas cenas da infância sempre há um adulto por perto, o relato de um caso da pesquisa "Crianças com necessidades especiais, processo inclusivo e laços com os pares" (CELP) nos auxiliará na reflexão sobre as relações entre as crianças com deficiência na escola, nas instituições de saúde ou em qualquer outro lugar de sua circulação e convívio.

Relato de caso: pesquisa EPIL/CELP

A pesquisa CELP, tradução de *Enfants à besoin particulier, processus inclusif et liens aux pairs* (EPIL), por meio de uma parceria universitária França-Brasil-Itália, aconteceu no Brasil em algumas instituições. O objetivo da EPIL/CELP era aproximar-se da construção e evolução dos laços entre crianças entre 0 e 6 anos de idade quando uma delas tem uma deficiência. Isto é, estudar o que favorece e o que entrava a construção dos laços entre as crianças e compreender o impacto da intervenção do adulto sobre esses laços. Dessa forma, o estudo pôde contribuir para uma rotina de observação das relações entre as crianças e seus laços e melhorar práticas profissionais favorecedoras da inclusão. Os resultados da pesquisa serão mais comentados adiante (Dayan, Scelles & Joselin, 2020).

Para a realização dessa pesquisa qualitativa foi feito o acompanhamento regular de 32 crianças com diferentes diagnósticos (deficiência intelectual, física e múltiplas deficiências) vistas ao menos duas vezes no período aproximado de dezoito meses. Assim, foi possível acompanhar a construção e a evolução dos laços entre as crianças a partir de observações e entrevistas com os pais e profissionais que trabalham com a crianças, sendo esses psicólogos de serviços sociais ou de saúde. Para tanto, foi criado um protocolo de pesquisa composto por um diário de bordo, livretos de observação da criança em grupo de maneira livre e também dirigida, e livretos de perguntas para os pais e professores da criança, o que deveria ser feito em dois tempos (Dayan, Scelles & Joselin, 2020).

Em consonância com a metodologia utilizada na pesquisa EPIL/CELP, que primou por um acompanhamento e uma análise aprofundados de alguns casos, trataremos aqui do caso de um garoto com cerca de 4 anos de idade, acompanhado no Brasil, a quem chamaremos de Gustavo (nome fictício). Pretendemos analisar e discutir aspectos relacionados à função do semelhante e ao papel do adulto diante das relações entre pares.

Nascido prematuro de 27 semanas e de uma gravidez não planejada, Gustavo sofreu anóxia ao nascimento e muitas intercorrências clínicas, o que fez com que ficasse internado em UTI neonatal por dois meses. Nesse período, sua mãe, que aqui chamaremos de Renata, recebeu prognósticos médicos nada animadores, com a indicação de que o bebê precisaria de muitos cuidados. Renata notou que o filho tinha uma malformação em uma das pernas, o que dificultava as aquisições motoras. Em função disso, aos 3 anos de idade, meses antes da sua participação na pesquisa, Gustavo foi submetido a uma cirurgia ortopédica. A criança foi diagnosticada com paralisia cerebral do tipo diparesia espástica.[2]

Gustavo teve atraso nas aquisições psicomotoras, mas foi se desenvolvendo e aprimorando habilidades com o auxílio de diferentes tratamentos em postos de saúde e equipe especializada, com acompanhamento de médicos e fisioterapeutas.

A primeira aplicação do protocolo CELP foi realizada quando Gustavo tinha 3 anos e 10 meses e iniciava atendimentos terapêuticos em uma instituição de saúde e reabilitação do estado de São Paulo. Foi pedido que a mãe e a professora de Gustavo preenchessem os livretos que compõem o protocolo de pesquisa, e a criança foi observada no grupo do qual participava nessa instituição, composto de mais quatro crianças de mesma faixa etária e duas

2 Distúrbio motor de tônus e postura, com maior prejuízo dos membros inferiores, secundário a lesão do cérebro em desenvolvimento (Souza & Ferraretto, 1998).

psicólogas. Na época, a equipe que acompanhava o garoto tinha dúvidas sobre como transcorreria o seu desenvolvimento, considerando aqui aspectos psicológicos, cognitivos e motores, já que eram notados atrasos.

Gustavo apresentava controle de tronco, sentava sozinho após a cirurgia ortopédica realizada, se arrastava e se deslocava com independência e rapidez. Tinha boa movimentação dos membros superiores para brincar, segurar objetos e tocar a sua cadeira de rodas. Renata relatava que o filho era uma criança alegre, agitada e curiosa. Buscava e preferia o contato com outras crianças, mas também interagia bem com adultos. Conversava, sorria, mandava beijo; falava palavras isoladas ou frases simples; nem sempre sua fala era inteligível e tendia a repetir o que o interlocutor dizia.

Na interação em grupo, buscava contato físico, tentava ser carinhoso, mas tinha dificuldades na percepção do seu corpo no espaço, passando por cima de outras crianças para pegar um brinquedo, ou apertando-as muito forte num abraço. Também agia impulsivamente, tomando das mãos do colega o brinquedo que lhe interessava. Por vezes não percebia que a outra criança não queria se aproximar ou que tinha outros interesses. Nesses momentos, sua mãe precisava intervir. Em outros momentos preferia brincar sozinho.

Gustavo gostava de estar perto de sua mãe, parecia sentir-se mais seguro com a sua presença. Nem sempre aceitava ficar sem ela no grupo ou nas demais atividades de que participava com outros terapeutas. Havia dificuldades para lidar com situações de frustação, nas quais manifestava choro e irritação. Geralmente, nesses momentos, buscava o auxílio de sua mãe. Gostava de compartilhar suas descobertas e de interagir com todos, mas solicitava muito os adultos, não só sua mãe, fosse para mostrar algo ou para pedir ajuda.

Na escola adaptou-se após as primeiras semanas de aula, quando chorou e estranhou o ambiente. Buscava estar sempre com os colegas que também gostavam de estar perto dele. Tinha autonomia no brincar e, no entanto, usava gritos para se defender. Se necessário, pedia a ajuda da professora que também estava por perto para auxiliá-lo no cumprimento das regras gerais, com observações verbais nos jogos e nas refeições.

Esse primeiro momento de pesquisa nos mostrou uma criança que precisava da referência do adulto, em especial da sua mãe, nas situações sociais das quais participava. A interação com as crianças parecia oscilar, havendo momentos de identificação e curiosidade, e outros de isolamento com interesse pelos objetos e brinquedos.

Percebemos certa diferença nas relações estabelecidas entre as crianças na instituição de saúde em comparação com a escola; na escola, apesar da separação abrupta da mãe, depois de sentir-se mais seguro e adaptado ao ambiente parecia ter mais autonomia nas relações do que em outros ambientes onde sua mãe estava presente.

No segundo momento de aplicação do protocolo CELP Gustavo estava com 4 anos e 8 meses. Renata relatou que ele mantinha a preferência por interagir com crianças, mais do que com adultos, e que parecia solicitá-la menos. Buscava pelas crianças menores e mais carinhosas, gostando de ser cuidado. Quando era necessário intervir ou colocar regras para o filho, este reclamava, mas geralmente as acatava.

No grupo com crianças e psicólogas já conseguia se afastar da mãe com tranquilidade para ir sozinho brincar com seus pares. Ainda demonstrava certa dificuldade para controlar seus impulsos, tomando o brinquedo das mãos dos colegas sem pedir. Precisava de intervenções para que pudesse se tranquilizar e as aceitava sem resistência. Sem o direcionamento do adulto sua brincadeira parecia mais agitada; entretanto, seu brincar estava muito mais rico, com jogos de faz de conta e fantasias. Já conseguia resolver situações de conflito sozinho, sem solicitar tanto a ajuda de um adulto.

Apresentou diferenças importantes na fala e na linguagem: comunicou-se verbalmente de forma bem articulada, foi observada a utilização do pronome em primeira pessoa e a intenção de fazer laços, mesmo que por vezes ainda utilizasse a terceira pessoa. Cumpria os combinados e regras do grupo, ainda que precisasse de alguém para lembrá-las.

No contexto escolar, já parecia aceitar melhor as regras, interagia bem e era chamado pelas crianças para brincar. Entretanto, ainda precisava de orientação para se organizar no momento da refeição e se alimentar sozinho.

Desse modo, observamos que a diversidade das experiências com semelhantes, de transitar pelos espaços sociais, mesmo que precisando de apoio ou cuidado constante por parte do adulto, trouxe efeitos importantes para a constituição subjetiva de Gustavo, como pudemos perceber no segundo momento do protocolo CELP. Ressaltamos, ainda, o papel da mãe, Renata, que participava de grupos terapêuticos, junto de outras mães, o que certamente provocou efeitos na relação entre mãe e filho e contribuiu para as diferenças observadas nos dois momentos da pesquisa.

O que o caso relatado nos mostra sobre a relação entre pares?

Estamos tratando da relação entre pares, mas sempre atravessada por adultos, como analisamos anteriormente. A observação das crianças em relação, mas também de si próprio, adulto presente nos contextos inclusivos, pode ser um diferencial para a sustentação da operação da função do semelhante. Essa autopercepção nem sempre é simples, pois o modo como nos posicionamos diante das crianças diz muito de nossos aspectos inconscientes envolvidos com o infantil e com a deficiência.

Um dos resultados da pesquisa EPIL/CELP aponta para o adulto como entrave para as relações entre as crianças quando a criança com deficiência apresenta medo ou insegurança no ambiente inclusivo. Quando ela se sente mais confiante, segura e mais flexível na relação com os outros, vai podendo, aos poucos, se distanciar do adulto (Dayan, Scelles & Joselin, 2020).

A pesquisa traz uma diferença importante entre a mãe e os demais adultos, pois, quando a relação com ela é fusional, a criança não pode investir em outras relações ou construir outros laços, uma vez que ainda não se diferenciou da mãe na direção da construção do seu eu. Os achados em pesquisa demonstraram que há relação entre um excesso de vigilância da mãe com a insegurança, vulnerabilidade ou passividade da criança. As mães podem se afastar do filho quando percebem que ele pode resolver suas questões e se desenvolver sozinho; para tanto, elas precisam ver cenas nas quais o filho se mostra capaz de estar num grupo e as demais crianças se mostram atentas e respeitosas. Então, ao se afastar, a criança, por sua vez, sente mais confiança nela mesma e nas suas competências sociais. Há, portanto, uma díade mãe-criança, isto é, o olhar da mãe é construído junto do filho. A forma como o filho se vê através dos olhos de sua mãe faz também com que ele decida se quer se submeter, ou se quer se rebelar e impor à mãe que mude seu olhar sobre ele (Dayan, Scelles & Joselin, 2020).

O caso de Gustavo ilustra um pouco esses achados quando comparamos o primeiro e o segundo tempo da pesquisa. No primeiro momento, Renata parecia fragilizada com a cirurgia ortopédica recente do filho e as mudanças em seu ciclo social, com o filho em uma nova instituição de saúde, assim como a recente matrícula na escola. Se, por um lado, esses novos caminhos indicavam que Gustavo estava em um outro momento de sua vida que exigia maiores interações sociais e distanciamento da mãe, por outro lado, ele não se mostrava pronto para dar esse passo: ou se isolava, ou avançava sem limites no ambiente comum a todos, ou ainda demonstrava insegurança e solicitava o apoio da mãe.

No primeiro momento da pesquisa, a presença maciça de Renata em cena, mesmo que por uma demanda da própria criança, não favorecia a relação entre as crianças. A demanda de Gustavo pelo apoio dela alimentava um tipo de resposta da mãe que o direcionava para um caminho de impossibilidades e pouca autonomia para estabelecer laços com as demais crianças do grupo. Mas na escola, onde a mãe não entrava, ele era capaz de seguir um novo percurso. Fora da díade mãe-criança, o que prevalecia era o olhar de outros adultos e um ambiente a princípio hostil: Gustavo chorou por algumas semanas. Algo fez com que Gustavo se sentisse seguro no novo ambiente, o que parece ter sido a disponibilidade dos profissionais para ajudá-lo, caso necessário, assim como a proximidade com os colegas que gostavam de estar perto dele. O adulto estava presente, mas a forma como interagiu com a criança é o que proporcionou algo de novo.

Segundo Dayan, Scelles e Joselin (2020), outro resultado da pesquisa foi justamente perceber no movimento dos outros adultos (não a mãe), em geral profissionais, uma proteção inicial que segue para a autonomização. Conforme vai conhecendo a criança, o profissional vai percebendo quando é necessária uma intervenção ou quando é melhor deixar que ela se resolva sozinha com outras crianças, reagindo como pode ou como quer diante das diferentes situações. Para isso não existem generalizações, são construções que se realizam caso a caso.

Bastos (2020), na perspectiva da educação inclusiva de crianças com entraves estruturais,[3] nos traz contribuições importantes sobre o que seria um professor bem posicionado. Um ponto relevante seria a aposta do professor no aluno-sujeito, ou seja, esperar que a criança responda às demandas da classe do seu jeito, diga algo próprio para o professor e para as demais crianças do grupo, propiciando a criação de laços com seus colegas. Além disso, ou até mesmo para que isso aconteça, a autora aponta para a potência do encontro entre alunos, sem subestimar a ajuda dos colegas, com o professor sabendo se retirar e ocupar um lugar secundário na cena educativa.

A potência do encontro entre crianças diz justamente da função do semelhante, do que só uma criança pode fazer pela outra quando estão em relação. Nesse processo, de acordo com Kupfer, Voltolini e Pinto (2010), estar em grupo permite a construção de identificações a partir do que lhes falta e faz com que se solidarizem. Essa falta é essencialmente estrutural do ser humano.

O momento da entrada na escola de Gustavo vai nesta direção: ele se sentir de alguma forma bem recebido e parte de um grupo de crianças. Desse modo, ele só pôde se adaptar por se sentir pertencente ao grupo e fortalecido pelas demais crianças.

Na relação entre pares, o relevo está no encontro entre iguais, isto é, entre crianças. Não importa se a criança tem ou não uma deficiência quando se posiciona como uma criança perante a outra. Contudo, cada criança é diferente da outra na sua condição singular de sujeito, com sua história familiar, com suas marcas. No processo de construção do eu, as identificações possibilitam a alteridade, perceber as diferenças e semelhanças entre o eu e o outro.

Nesse sentido, como aponta Tiussi (2018), quanto mais heterogêneo for o grupo melhor para que advenha a alteridade, já que num grupo homogêneo as crianças tendem a dar respostas parecidas diante de suas próprias questões. Quanto mais as crianças são diferentes nas suas condições físicas, sociais, nos seus hábitos, na sua história, mais elas convidam as demais a experimentar outras posições na resolução de conflitos e no convívio fraterno.

3 Nomenclatura que define a paralisação ou extrema dificuldade no processo de construção da subjetividade (Kupfer, Bernardino & Silva, 2020).

Ademais, afirmam Kupfer, Voltolini e Pinto (2010), no grupo pode existir uma diversidade de posições discursivas ou subjetivas, isto é, neuróticos, psicóticos, pobres, ricos etc., e, a partir dessas diferenças, as crianças convocam seus pares a saírem da repetição. Essa experiência trará efeitos para o sujeito, pois é vivendo outras vidas, novas experiências, que se dissolvem as cristalizações e se experimentam outras formas de ser.

Gustavo pôde apresentar avanços visíveis entre o tempo um e o tempo dois da pesquisa no que diz respeito ao seu desenvolvimento subjetivo. No primeiro momento, a sensação de segurança e apoio que a presença de sua mãe trazia parecia fazer uma ponte que ele, sozinho, ainda não era capaz de criar, a ponte que faria o laço social. Gustavo ligava-se à imagem das outras crianças ainda sem se diferenciar e sem caminhar de modo mais eficiente na direção da construção de seu próprio eu. Por isso, não conseguia falar em nome próprio, expressar-se com clareza; não estava imerso no mundo da linguagem. Seu brincar era mais de exploração dos objetos.

Podemos supor que, no conjunto da estrutura familiar de Gustavo, o lugar que ele ocupou desde o nascimento, de fragilidade em relação ao seu corpo e sua saúde, talvez tenha ressaltado as suas necessidades de tal forma que o surgimento do sujeito do desejo se instaurava de modo titubeante. Nesse processo, a entrada na escola e na instituição de reabilitação possibilitaram que outras referências surgissem para a criança, ampliando suas possibilidades de resposta diante das diferentes demandas que agora o convocavam de diversos lugares: como aluno, como colega de classe, como colega de grupo de outra criança com deficiência, como criança que recebe cuidados terapêuticos. E cada nova convocação abria a possibilidade de um novo posicionamento diante do outro semelhante e dos adultos.

No entanto, no tempo dois, ainda apareciam dificuldades de orientação no espaço comum, de apropriação das regras para um bom convívio social, com trocas e estreitamento de laços. Parecia sentir-se mais seguro nos diferentes ambientes e transitando entre as crianças; porém o fato de preferir brincar com crianças menores e ao mesmo tempo ser cuidado por elas sinalizava uma relação um pouco desigual, na qual, mesmo ocupando seu lugar de criança como as outras, podia tentar escapar de algumas responsabilidades comuns. A passividade em se deixar cuidar por outra criança diz respeito também a uma posição de dependência, geralmente exercida na relação com os adultos. Por isso, inclusive, a dificuldade de ouvir o que a outra criança tinha a lhe dizer. E essa escuta passa também pelo corpo, pelos jogos de imitação, pela percepção do outro e de si.

A pesquisa EPIL/CELP ressalta o papel do adulto como facilitador para a criação de laços entre as crianças num tempo inicial, isto é, quando elas buscam pouco o contato umas com as outras, quando há situações de conflito ou agressividade que podem ser apaziguadas. Depois, num segundo momento, a presença do adulto pode funcionar como uma barreira de superproteção que isola a criança das relações espontâneas e dos processos de identificação (Dayan, Scelles & Joselin, 2020).

Vale a pena citar aqui, na intenção de expandir o acompanhamento de crianças na interação com seus pares para além das situações de pesquisa, o instrumento Acompanhamento Psicanalítico em escolas Grupos e Instituições (APEGI) (Kupfer & Bernardino, 2022), construído e validado por um grupo de pesquisadores que trabalhou em contato e de modo paralelo aos pesquisadores da EPIL/CELP. Esse instrumento não é voltado especificamente para crianças com deficiência, mas pode ser uma importante ferramenta de acompanhamento e leitura clínica de como a criança está se desenvolvendo, considerando os aspectos maturacionais e subjetivos da criança, assim como o meio familiar, a escola ou as instituições que ela frequenta. O APEGI também oferece especial atenção para a relação entre os pares, com destaque para a função do semelhante como estruturante da subjetividade, o que sublinha, mais uma vez, o valor da inclusão social como essencial para o sujeito.

Para concluir: a função do semelhante para além da deficiência

Buscamos neste texto ampliar a nossa compreensão sobre a relação entre pares, considerando a criança com deficiência e os processos inclusivos. Sem dúvida, nesse contexto o adulto ocupa um papel fundamental que pode tanto facilitar como atravancar o estreitamento da relação entre as crianças e, por conseguinte, a operação da função do semelhante.

A pesquisa EPIL/CELP, com a criação de amplos protocolos, demonstrou ser uma importante ferramenta no trabalho com crianças com deficiência para além da clínica, considerando os contextos institucional e escolar. Com dois diferenciais importantes – estar voltado, especificamente, para o trabalho com crianças com deficiência e focar nos laços sociais dessas crianças –, os roteiros de entrevista e observações se destacam diante de tantos protocolos e avaliações que direcionados quase exclusivamente para a criança apenas no contexto familiar.

Da mesma forma que as leis garantem o direito das pessoas com deficiência a ocupar os espaços sociais, educacionais etc., mas não sustentam a efetiva inclusão, não é possível aqui fazermos generalizações ou sugestões de práticas inclusivas que sustentem a relação entre pares. O que podemos afirmar é sobre a potência dos encontros entre semelhantes quando a criança é tomada como sujeito do desejo e vive as tão diversas experiências sociais que, ao mesmo tempo, são singulares e a constituem.

Assim, pensar caso a caso, em como é uma determinada criança, como se dão as relações com os familiares e com os diferentes profissionais que se ocupam dela, entender como são os ambientes pelos quais ela transita é o que vai considerando todo esse conjunto, oferecer um direcionamento de como facilitar o estreitamento dos laços entre pares.

Se as crianças se reconhecem como iguais na sua condição de criança, foi dado o primeiro passo. Para além da deficiência, as crianças descobrirão uma forma de se comunicar, de interagir, de brincar. Se os adultos puderem cuidar disso, a inclusão mostrará a sua força.

Referências

Bastos, M. B. (2020). O saber-fazer do professor-sujeito como condição da aprendizagem terapêutica. In M. E. Pesaro, M. C. Kupfer & J. Davini (Orgs.), *Práticas inclusivas* (Vol. II, pp. 51-68). Escuta.

Bernardino, L. M. F. (2020). A função do semelhante na escola inclusiva. In M. E. Pesaro, M. C. Kupfer & J. Davini (Orgs.), *Práticas inclusivas* (Vol. II, pp. 91-102). Escuta.

Bernardino, L. M. F. (2020). A concepção lacaniana de sujeito. In D. Teperman, T. Garrafa & V. Iaconelli, *Laço* (pp. 27-35). Autêntica.

Brasil. Ministério da Educação (2008). Secretaria de Educação Especial (MEC/SEESP). *Política Nacional de Educação Especial na Perspectiva da Educação Inclusiva.*

Brasil. (2015). Lei n. 13.146 de 6 de julho de 2015, institui a Lei Brasileira de Inclusão da Pessoa com Deficiência (Estatuto a Pessoa com Deficiência).

Brasil. (2012). Lei n. 12.764 de 2012. Institui a Política Nacional de Proteção dos Direitos da Pessoa com Transtorno do Espectro Autista.

Coriat, E. (1997). *Psicanálise e clínica de bebês: a psicanálise na clínica de bebês e crianças pequenas.* Artes e Ofícios.

Dayan, C., Scelles, R., & Joselin, L. (2020). *Enfants à besoin particulier, processus inclusif et liens aux pairs (EPIL): rapport final.* https://www.firah.org/fr/epil.html.

Kancyper, L. (2019). *O complexo fraterno.* Blucher.

Kaës, R. (2011). *O complexo fraterno.* Ideias & Letras.

Kehl, M. R. (2000). *Função fraterna.* Relume Dumará.

Kupfer, M. C. M., & Bernardino, L. M. F. (Orgs.) (2022). *APEGI – Acompanhamento psicanalítico em escolas, grupos e instituições: um instrumento para o trabalho com a criança-sujeito.* Escuta/Fapesp.

Kupfer, M. C. M., Bernardino, L. M., & Silva, D. R. (2020, 31 dez.). Resultados finais da pesquisa APEGI: (acompanhamento psicanalítico de crianças em escolas, grupos e instituições). *Revista da FAEEBA – Educação e Contemporaneidade, 29*(60), 176-190.

Kupfer, M. C. M., Voltolini, R., & Pinto, F. S. C. N. (2010). O que uma criança pode fazer pela outra? Sobre grupos terapêuticos de crianças. In M. C. Kupfer & F. S. C. N. Pinto (Orgs.), *Lugar de vida, vinte anos depois. Exercícios de educação terapêutica.* Escuta.

Lacan, J. (1948/1998). A agressividade em psicanálise. In J. Lacan, *Escritos* (pp. 104-126). Zahar.

Lacan, J. (2002). *Os complexos familiares na formação do indivíduo*. Zahar.

Mannoni, M. (1999). *A criança retardada e a mãe*. Zahar.

Rahme, M. M. F. (2018). A temática dos "pares" como vicissitude da educação inclusiva: um diálogo na interface psicanálise e educação. In R. Voltolini (Org.), *Psicanálise e formação de professores: antiformação docente* (pp. 139-149). Zagadoni.

Souza, A. M. C., & Ferraretto, I. (1998). *Paralisia cerebral: aspectos práticos*. Memnon.

Tiussi, C. C. (2018). *Função do semelhante como fundamento do trabalho com as crianças em grupos: uma contribuição para os estudos sobre o desenvolvimento psíquico* [Tese de doutorado, Instituto de Psicologia, Universidade de São Paulo]. https://doi.org/10.11606/T.47.2018.tde-31102018-185407

Sobre os autores

Ana Cristina Marzolla – Psicóloga e psicanalista, professora no departamento de Psicologia do Desenvolvimento Humano e coordenadora do Serviço Deficiência e Cuidadores na Clínica Psicológica Ana Maria Poppovic, ambos na Pontifícia Universidade Católica de São Paulo (PUC-SP), mestre e doutora pelo Programa de Psicologia Clínica (PUC-SP). Atua em consultório particular.
E-mail: acmarzolla@pucsp.br

Ana Lúcia Branco Novo – Psicóloga e psicanalista, mestranda em Educação, Linguagem e Psicologia na Faculdade de Educação da Universidade de São Paulo (FEUSP). Especialista em Psicologia Clínica pela Pontifícia Universidade Católica de São Paulo (PUC-SP). Integrante do grupo de pesquisa CNPq Psicanálise e Intervenções Escolares.
E-mail: analubranco15@gmail.com

André Marques Choinski – Psicólogo e especialista em Clínica Analítico-Comportamental pela Universidade Positivo (UP), mestre em Análise do Comportamento pela Universidade Estadual de Londrina (UEL), doutorando do Programa de Pós-graduação em Educação pela Universidade Federal do Paraná (UFPR).
E-mail: andrechoinski@gmail.com

Daniela Farias Cardoso – Psicóloga, psicanalista com especialização pela Pontifícia Universidade Católica de São Paulo (PUC-SP). Atua há mais de vinte anos no atendimento clínico e institucional com bebês, crianças e adolescentes com deficiência e seus familiares. Membro integrante da equipe de pesquisa Metodologia IRDI vinculada ao Laboratório de Estudos e Pesquisas Psicanalíticas e Educacionais sobre a Infância.
E-mail: danzinha75@gmail.com

Diego Rodrigues Silva – Psicanalista, graduado em Psicologia pela Universidade Presbiteriana Mackenzie, mestre em Psicologia Clínica pela Universidade de São Paulo (USP) e doutor em Psicologia do Desenvolvimento Humano pela Universidade de São Paulo (USP).
E-mail: silva.diego@alumni.usp.br

Elisiane Perufo Alles – Pedagoga e educadora especial pela Universidade Federal de Santa Maria (UFSM), mestre em Educação pela Universidade Federal do Paraná (UFPR), doutoranda do Programa de Pós-graduação em Educação pela Universidade Federal do Paraná (UFPR) na linha de pesquisa em Processos Psicológicos em Contextos Educacionais.
E-mail: alles.elisiane@gmail.com

Maria Lucia Toledo Moraes Amiralian – Professora aposentada do Instituto de Psicologia da Universidade de São Paulo (IPUSP). É especializada no atendimento a pessoas com deficiência visual. Possui livros e artigos relacionados à questão da deficiência, notadamente a deficiência visual, e sobre a teoria e as técnicas winnicottianas.
E-mail: mltma@usp.br

Maria de Fatima Joaquim Minetto – Psicóloga, especialista em Educação Especial e TEA, mestre em Educação pela Universidade Federal do Paraná (UFPR), doutora em Psicologia com estágio de pós-doutorado pela Universidade Federal de Santa Catarina (UFSC).
E-mail: fa.minetto@gmail.com

Vitor Franco – Universidade de Évora, Centro de Investigação em Educação e Psicologia (CIEP), Évora, Portugal.
E-mail: vfranco@uevora.pt